VALABLE POUR TOUT OU PARTIE DU
DOCUMENT REPRODUIT

1400
1200
2600
1950
640

1200
300
900
2400

1872
900
972

1895
1400
495
5
500
912
1412

N° 34745, 251

UNE

TÉNÉBREUSE AFFAIRE.

Sous Presse
Pour paraître très prochainement.

MELCHIOR par **GEORGES SAND**,
faisant partie du **FOYER DE L'OPÉRA**, 4e livraison.

JÉROME RUDEIX,
Par le baron de Bazancourt.

MÉMOIRES DE DEUX JEUNES MARIÉES,
Par H. de Balzac.

LES INVRAISEMBLANCES,
Par Antony Rénal.

MAJORQUE,
Par Georges Sand.

AVENTURES GALANTES D'UN TÉNOR,
Par Jules Lecomte.

LA NUIT TERRIBLE,
Par Alphonse Brot.

AMOURS FRANÇAISES,
Avec fac-similé et portrait.
Par Frédéric Soulié.

CE MONSIEUR!
Par Paul de Kock.

UNE NOUVELLE PUBLICATION,
par André Delrieu.

LAGNY. — Imprimerie d'Aug. Faurant.

SCÈNES DE LA VIE POLITIQUE.

UNE TÉNÉBREUSE AFFAIRE

PAR

M. de Balzac.

I.

PARIS,
M. HIPPOLYTE SOUVERAIN, ÉDITEUR
de MM. de Balzac, Frédéric Soulié, Alphonse Brot, Paul de Kock, etc., etc.
RUE DES BEAUX-ARTS, 5.

1842.

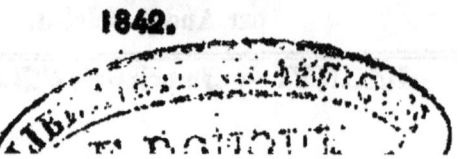

PRÉFACE.

La plupart des Scènes que l'auteur a publiées jusqu'à ce jour ont eu pour point de départ un fait vrai, soit enfoui dans les mers orageuses de la vie privée, soit connu dans quelques cercles du monde parisien où tout s'oublie si promptement; mais quant à cette seconde *Scène de la vie politique*, il n'a pas songé que, quoique vieille de quarante ans, l'horrible aventure où il a pris son sujet pouvait encore agiter le cœur de plusieurs personnes vivantes. Néanmoins il ne pouvait s'attendre à l'attaque irréfléchie que voici :

« M. Balzac a donné naguères, dans le
« journal *le Commerce*, une série de feuille-
« tons sous le titre de : *Une ténébreuse affaire.*
« Nous le disons dans notre conviction in-
« time, son travail remarquable, sous le
« rapport dramatique et au point de vue du
« roman, est une méchante et mauvaise ac-
« tion au point de vue de l'histoire, car il y
« flétrit, *dans sa vie privée*, un citoyen qui
« fut constamment entouré de l'estime et de
« l'affection de tous les hommes honnêtes de
« la contrée, le bon et honorable Clément-

« de-Ris qu'il représente comme l'un des
« spoliateurs et des égorgeurs de 1793.
« M. Balzac appartient cependant à ce parti
« qui s'arroge fort orgueilleusement le titre
« de *conservateur*. »

Il suffit de textuellement copier cette note pour que chacun la puisse qualifier. Cette singulière *réclame* se trouve dans la biographie d'un des juges dans l'affaire relative à l'enlèvement du sénateur Clément-de-Ris. A propos de ce procès, les rédacteurs de cette biographie trouvent le mot de l'affreuse énigme de l'arrêt criminel dans les Mémoires de la duchesse d'Abrantès, et ils en citent tout le passage suivant en l'opposant par leur note accusatrice à *Une Ténébreuse affaire*.

« On connaît le fameux enlèvement de

« M. Clément-de-Ris. C'était un homme
« d'honneur, d'âme, et possédant de rares
« qualités dans des temps révolutionnaires.
« Fouché et un autre homme d'état encore,
« vivant aujourd'hui comme homme privé
« et comme homme public, ce qui m'empê-
« che de le nommer, non que j'en aie peur,
« (je ne suis pas craintive de ma nature),
« mais parce que la chose est inutile pour
« ceux qui ne le connaissent pas, et que ceux
« qui le connaissent n'ont que faire même
« d'une initiale; ce personnage donc, qui
« avait coopéré comme beaucoup d'autres à
« la besogne du 18 brumaire, besogne qui,
« selon leurs appétits gloutons, devait être
« grandement récompensée, ce personnage
« vit avec humeur que l'on mît d'autres que
« lui dans un fauteuil où il aurait voulu

« s'asseoir. — Quel fauteuil, me dira-t-on ?
« Celui de sénateur ? — Quelle idée ! non
« vraiment.—Celui de président de la Cham-
« bre des députés ? — Eh non ! — Celui de
« l'archevêque de Paris ? — Ma foi ! mais
« non. D'abord il n'y en avait pas encore de
« remis en place. — De fauteuil ? — Non,
« d'archevêque. Enfin ce n'était pas celui-là
« non plus. Mais ce qui est certain, c'est que
« le personnage en voulait un qu'il n'eut pas,
« ce qui le fâcha. Fouché, qui avait eu
« bonne envie de s'asseoir dans le beau fau-
« teuil de velours rouge, s'unit non pas de
« cœur, mais de colère avec le personnage
« dont je vous ai parlé : il paraît (selon la
« chronique du temps) qu'ils commencèrent
« par plaindre la patrie (c'est l'usage). —
« Pauvre patrie ! pauvre république ! moi

« qui l'ai si bien servie! disait Fouché.
« — Moi qui l'ai si bien desservie! pensait
« l'autre. — Je ne parle pas pour moi, disait
« Fouché, un vrai républicain s'oublie tou-
« jours. Mais vous! — Je n'ai pas un mo-
« ment pensé à moi, répondait l'autre, mais
« c'est une affreuse injustice que de vous
« avoir préféré Calotin.

« Et de politesse en politesse, ils en vin-
« rent à trouver qu'il y avait deux fauteuils,
« et que leur fatigue politique pouvait souf-
« fler, en attendant mieux, dans les deux
« fauteuils tant désirés.

« — Mais, dit Fouché, il y a même trois
« fauteuils.

« Vous allez voir quel fut le résultat de
« cette conversation, toujours d'après la
« chronique et elle n'a guère eu le temps

« de s'altérer, car elle est de l'an de grâce
« 1800. Cette histoire que je vous ra-
« conte, j'aurais pu vous la dire dans les
« volumes précédents, mais elle est mieux
« dans son jour maintenant. C'est par les
« contrastes qu'eux-mêmes apportent dans
« leur conduite qu'on peut juger et appré-
« cier les hommes, et Dieu sait si l'un de
« ceux dont je parle en ce moment en a
« fourni matière! Le premier exemple qu'il
« donna, exemple qui pourrait être mis en
« tête de son catéchisme (car il en a fait un),
« fut celui d'une entière soumission aux vo-
« lontés de *l'empereur*, après avoir voulu
« jouer au premier consul le tour que voici :
« c'est toujours, comme je l'ai dit, la chro-
« nique qui parle.

« Tout en devisant ensemble sur le sort de

« la France, ils en vinrent tous deux à rap-
« peler que Moreau, ce républicain si vanté,
« que Joubert, Bernadotte, et quelques au-
« tres, avaient ouvert l'oreille à des paroles
« de l'Espagne, portées par M. d'Azara à l'ef-
« fet de culbuter le Directoire, lequel, certes,
« était bien digne de faire la culbute, même
« dans la rivière; il y avait donc abus à rap-
» peler le fait et à comparer les temps. Mais
« les passions ne raisonnent guère, ou plutôt
« ne raisonnent pas du tout. Les deux hom-
« mes d'état se dirent donc :

« — Pourquoi ne ferions-nous pas faire la
« culbute aux trois consuls ? car puisque
« vous voulez le savoir, je vous dirai donc
« enfin que c'était le fauteuil de consul-ad-
« joint que convoitaient ces messieurs; mais,
« comme la faim vient en mangeant, tout

« en grondant de n'avoir ni le second ni le
« troisième, ils jetèrent leur dévolu sur le
« premier, ils se l'abandonnèrent sur le ta-
« pis avec une politesse toute charmante, se
« promettant bien, comme je n'ai pas be-
« soin de vous le dire, de le prendre et de le
« garder le plus long-temps qu'ils pour-
« raient, chacun pour soi. Mais là où jamais,
« c'était le cas de dire qu'*il ne faut pas vendre*
« *la peau de l'ours, avant de l'avoir jeté par*
« *terre.*

« Clément-de-Ris était, comme je vous
« l'ai rapporté, un honnête homme, un con-
« sciencieux républicain, et l'un de ceux qui
« de bonne foi s'étaient attachés à Napoléon,
« parce qu'il voyait enfin que LUI SEUL pou-
« vait faire aller la machine. Les gens qui
« ne pensaient pas de même probablement,

« puisqu'ils avaient le projet de tout chan-
« ger, lui retournèrent si bien l'esprit en lui
« montrant en perspective le troisième fau-
« teuil, qu'il en vint au point de connaître
« une partie de leur plan et même de l'ap-
« prouver. C'est en ce moment qu'eut lieu
« le départ pour Marengo. L'occasion était
« belle, il ne fallait pas la manquer; si le
« premier consul était battu, il ne devait
« pas rentrer en France, ou n'y rentrer que
« pour y vivre sous de bons verrous. De quoi
« s'avisait-il aussi d'aller faire la guerre à
« plus fort que lui? (C'est toujours la chro-
« nique.)

« Clément-de-Ris étant donc chez lui un
« matin, déjà coiffé de sa perruque de séna-
« teur, quoiqu'il eût encore sa robe de
« chambre, reçut cette communication dont

« je viens de parler, et comme il faut tou-
« jours penser à tout, (observe la chroni-
« que), on lui demanda de se charger de
« proclamations déjà imprimées, de discours
« et autres choses nécessaires aux gens qui
« ne travaillent qu'à coups de paroles. Tout
« allait assez bien, ou plutôt assez mal, lors-
« que tout à coup arrive, comme vous savez,
« cette nouvelle qui ne fut accablante que
« pour quelques méchants, mais qui rendit
« la France entière ivre de joie et folle d'a-
« doration pour son libérateur, pour celui
« qui lui donnait un vêtement de gloire im-
« mortelle. En la recevant, les deux postu-
« lants aux fauteuils changèrent de visage
« (c'est ce que l'un d'eux pouvait faire de
« mieux), et Clément-de-Ris aurait voulu ne
« s'être jamais mêlé de cette affaire. Il le dit

« peut-être trop haut, et l'un des *candidats*
« lui parla d'une manière qui ne lui convint
« pas. Il s'aperçut assez à temps qu'il devait
« prendre des mesures défensives, s'il vou-
« lait prévenir une offense dont le résultat
« n'eût été rien moins que la perte de sa
« tête; il mit à l'abri une grande portion des
« papiers qui devenaient terriblement accu-
« sateurs. Il le fit, et fit bien, dit la chroni-
« que, et je répète comme elle qu'il fit *très-*
« *bien*.

« Quand les joies, les triomphes, les illu-
« minations, les fêtes, toute cette première
« manifestation d'une ivresse générale fut
« apaisée, mais en laissant pour preuves
« irréfragables que le premier consul était
« l'idole du peuple entier, alors ces hommes
« aux pâles visages, dont je vous ai parlé, ne

« laissèrent même pas errer sur leurs lèvres
« le sourire sardonique qui les desserrait quel-
« quefois. La trahison frémissait devant le
« front radieux de Napoléon, et ces hom-
« mes, qui trouvaient tant d'échasses loin de
« lui, redevenaient pygmées en sa présence.
« Clément-de-Ris demeura comme il était,
« parce qu'il se repentit, et que d'ailleurs il
« n'en savait pas assez pour avoir le re-
« mords tout entier. Néanmoins il se tint en
« garde contre les hommes pâles, mais il
« avait affaire à plus forte partie que celle
« qu'il pouvait jouer.

« Ce fut alors que la France apprit, avec
« une surprise que des paroles ne peuvent
« pas exprimer, qu'un sénateur, un des
« hommes considérables du gouvernement,
« avait été *enlevé* à trois heures de l'après-

« midi, dans son château de Beauvais, près
« de Tours, tandis qu'une partie de ses
« gens et de sa famille était à Tours pour
« voir célébrer une fête nationale (je crois
« le 1er vendémiaire de l'an IX). Il y avait
« bien eu de ces enlèvements lorsque le Di-
« rectoire nous tenait sous son agréable
« sceptre, mais depuis que le premier consul
« avait fait prendre, dans toutes les com-
« munes de l'Ouest qui vomissaient les chauf-
« feurs, brûlante écume de la chouannerie,
« des mesures aussi sages que vigoureuses,
« cette sorte de danger s'était tellement
« éloignée, surtout des habitations comme
« celles du château de Beauvais, qu'on n'en
« parlait presque plus. Les bandes qui fu-
« rent quelque temps inquiétantes, en 1800
« et 1801, étaient sur les bords du Rhin et

« sur les frontières de la Suisse. Ce fut donc
« une stupéfaction générale. Le ministre de
« la police d'alors, Fouché, dit *de Nantes*,
« comme l'appelle une autre chronique, se
« conduisit fort bien dans cette circonstance ;
« il n'avait pas à redouter la surveillance de
« Dubois, notre préfet de police, qui n'au-
« rait pas laissé échapper vingt-cinq hom-
« mes enlevant en plein jour une poulette
« de la taille et de l'encolure de Clément-
« de-Ris, sans qu'il en restât des traces après
« lesquelles ses limiers, du moins, auraient
« couru. L'affaire s'était passée à soixante
« lieues de Paris ; Fouché avait donc beau
« jeu, et pouvait tenir les cartes ou bien
« écarter à son aise : ce fut ce qu'il fit. Pen-
« dant dix-sept à dix-huit jours on eut quel-
« ques éclairs d'indices sur la marche des

« fugitifs, qui entraînaient Clément-de-Ris,
« sous prétexte de lui faire donner une som-
« me d'argent considérable. Tout à coup
« Fouché reçoit une lettre, qui lui était
« adressée par Clément-de-Ris lui-même,
« qui ne voyant que le ministre de la police
« qui pût le sauver, lui demandait secours
« et assistance. Ceux qui ont connu l'âme
« pure et vertueuse de Clément-de-Ris ne
« seront pas étonnés de cette candeur et de
« cette confiance. Il avait bien pu avoir quel-
« ques craintes, mais je sais (du moins la
« chronique me l'a-t-elle dit) que c'était
« plutôt un sentiment vague de méfiance
« pour l'autre visage pâle que pour Fouché,
« qui lui avait fait prendre quelques précau-
« tions. Enfin cette lettre, mise avec grande
« emphase dans le *Moniteur*, fut apparem-

« ment un guide plus certain que tous
« les indices que la police avait pu recueillir
« jusque-là, chose cependant fort étonnante,
« car Clément-de-Ris n'y voyait pas clair, et
« ne savait pas où il était. Toujours est-il que
« peu de jours après l'avoir reçue, Fouché
« annonce que Clément-de-Ris est retrouvé.
« Mais où l'a-t-il été?... Comment?... Dans
« une forêt, les yeux bandés, marchant au
« milieu de quatre coquins qui se prome-
« naient aussi tranquillement qu'à une par-
« tie de colin-maillard ou de quatre coins. On
« tire des coups de pistolet, on crie, et voilà
« la victime délivrée, absolument comme
« dans ma *Tante Aurore;* excepté cependant
« que l'honnête et bon Clément-de-Ris fut
« pendant trois semaines au pouvoir d'in-
« fâmes scélérats, qui le promenaient au

« clair de lune pendant qu'ils faisaient les
« clercs de Saint-Nicolas.

« Dès la première effusion de sa recon-
« naissance, il appela Fouché son sauveur,
« et lui écrivit une lettre que l'autre fit aus-
« sitôt insérer dans le *Moniteur* avec un beau
« rapport. Mais cette lettre n'eût pas été
« écrite peut-être quelque temps après,
« lorsque Clément-de-Ris, voulant revoir ses
« papiers, n'y trouva plus ceux qu'il avait
« déposés dans un lieu qu'il croyait sûr.
« Cette perte lui expliqua toute son aven-
« ture ; il était sage et prudent, il se tut, et
« fit encore bien ; car avec les gens qui sont
« méchants *parce qu'ils le veulent*, il faut bien
« se garder de leur *faire vouloir*, et surtout
« par vengeance. Mais le cœur de l'homme
« de bien fut profondément ulcéré.

« Quelques jours après son retour chez lui
« (je ne sais pas précisément l'époque), une
« personne que je connais fut voir Clément-
« de-Ris à Beauvais... Elle le trouva triste,
« et d'une tristesse tout autre que celle
« qu'eût produite l'accablement, suite na-
« turelle d'une aussi dure et longue capti-
« vité. Ils se promenèrent; en rentrant dans
« la maison, ils passèrent près d'une vaste
« place de gazon, dont les feuilles jaunes et
« noircies contrastaient avec la verdure cha-
« toyante et veloutée des belles prairies de
« la Touraine à cette époque de l'année. La
« personne qui était venue le visiter en fit
« la remarque, et lui demanda pourquoi il
« permettait à ses domestiques de faire du
« feu sur une pelouse qui était en face de
« ses fenêtres et Clément-de-Ris regarda

« cette place, qui pouvait avoir quatre pieds
« de diamètre, mais sans surprise. Il était
« évident qu'il la connaissait déjà. Néan-
« moins son front devint plus soucieux; une
« expression de peine profonde se peignit
« sur son visage toujours bienveillant. Il prit
« le bras de son ami, et s'éloignant d'un
« pas rapide :

— « Je sais ce que c'est, dit-il..... Ce sont
« *ces misérables*... Je sais ce que c'est... je ne
« le sais que trop. — Et il porta la main à
« son front avec un sourire amer.

« Clément-de-Ris revint à Paris. Il n'avait
« pas assez de preuves pour attaquer celui
« qui avait voulu le sacrifier à sa sûreté...
« Mais un monument s'éleva dans son cœur,
« et quoique inaperçu alors, il n'en fut pas
« moins durable. »

Maintenant, il faut dire que les rédacteurs de ces Biographies qui se piquent d'écrire l'histoire avec *impartialité, vérité, justice*, ont fait la biographie du maréchal Bourmont, et lui ont attribué la part la plus étrange dans cette affaire, d'après ce passage relatif à Clément-de-Ris, *fourni par Fouché*.

« Vers cette époque arriva l'étrange évè-
« nement que nous allons raconter, et sur
« les véritables causes duquel le gouverne-
« ment n'a jamais voulu s'expliquer. Le 1er
« vendémiaire an IX (23 septembre 1800),
« M. Clément se trouvant presque seul à sa
« maison de Beauvais, près de Tours, six
« brigands armés entrèrent chez lui; s'em-
« parèrent de l'argent monnayé et de l'ar-
« genterie, le forcèrent à monter avec eux
« dans sa propre voiture, le conduisirent

« dans un lieu inconnu, et le jetèrent dans
« un souterrain, où il resta dix-neuf jours
« sans qu'on pût avoir de ses nouvelles.
« Cet évènement fit grand bruit. A peine la
« police en eut-elle été informée, que le mi-
« nistre Fouché, qui dirigeait ce départe-
« ment, manda quelques chefs de chouans,
« qui se trouvaient à Paris ; on eut par eux
« la confirmation de ce qu'on croyait déjà
« savoir, c'est que M. de Bourmont n'était
« pas étranger à cette affaire (*voy.* BOURMONT).
« Appelé lui même chez le ministre, on ne
« lui laissa pas ignorer qu'on ne se tiendrait
« satisfait d'aucune dénégation ; qu'il ne
« s'agissait pas d'éluder les questions, mais
« d'y répondre ; qu'on n'ignorait pas qu'il
« était instruit du lieu où avait été déposé
« M. Clément ; qu'il répondait de sa vie sur

« la sienne, et qu'on lui donnait trois jours
« pour le faire retrouver. M. de Bourmont,
« qui jugea bien qu'il n'avait pas le choix du
« parti qu'il avait à prendre, en demanda
« huit, et donna, dans cet espace de temps,
« toutes les indications nécessaires ; en effet,
« quelques personnes, beaucoup moins
« étrangères à la police qu'on ne se serait
« porté à le croire d'après le parti politique
« auquel elles appartenaient, furent en-
« voyées sur la trace des brigands. Ayant
« rencontré M. Clément-de-Ris lorsqu'on le
« transférait dans un autre lieu, elles mirent
« en fuite son escorte, et le ramenèrent au
« sein de sa famille. Ce guet-à-pens, exécuté
« en plein jour, passa alors pour être l'ou-
« vrage des bandes de chouans dont M. de
« Bourmont, qui trahissait, au gré de ses in-

« térêts personnels, le premier consul pour
« son parti, et son parti pour le premier
« consul, n'avait pas cessé d'être secrète-
« ment le chef. Pour ennoblir un attentat
« qui, sans l'activité de la police, eût pu
« avoir un dénoûment tragique, on a pré-
« tendu qu'il avait été dirigé par des royalis-
« tes qui voulaient avoir dans la personne
« de Clément-de-Ris, un otage important
« pour garantir la vie menacée de quelques-
« uns de leurs chefs ; mais rien n'a indiqué
« que cette conjecture eût quelque vraisem-
« blance. »

Personne ne doit être étonné d'apprendre que le conquérant d'Alger qui, pour prix des infamies qu'on lui prête, a donné un empire à la France, ait traité ceci de calomnie. Aussi les biographes sont-ils forcés d'annoter cette autre citation par cette note où ils font au Maréchal de singulières excuses.

« C'est, disent-ils, cette *version* que nous
« avons accueillie dans notre article consacré
« au général Bourmont ; nous croyons devoir
« le rappeler comme *atténuation des accusa-*
« *tions* que nous avons portées contre ce per-
« sonnage, qui dans son intimité, a qualifié
« *notre assertion* de calomnie. N'eût-il pas
« mieux fait de nous adresser à nous-mêmes
« ses propres réclamations, ou rectifications,
« que nous avions offert d'insérer dans no-
« tre ouvrage, et que l'un de ses fils avait
« pris l'engagement de nous faire par-
« venir? »

Admirez ce conseil anodin donné par les rédacteurs de biographies faites sans le consen-
tement de ceux sur lesquels on écrit de leur

vivant, d'aller trouver leurs biographes pour s'entendre avec eux. On vous maltraite et l'on exige les plus grands égards de la part du *maltraité*. Telles sont les mœurs de la presse actuelle, la voilà prise en flagrant délit, et l'auteur est assez satisfait de prouver qu'il n'y a rien de romanesque dans le plus léger détail d'un ouvrage intitulé : *Un grand homme de province à Paris.*

L'existence de ces trois ou quatre entreprises de biographies où, pour ce qui le concerne, l'auteur a déjà été l'objet des plus grossiers mensonges, est un de ces faits qui accusent l'impuissance des lois sur la presse. Dût-on croire que l'auteur s'arroge fort orgueilleusement le titre de *conservateur*, il trouve que sous l'ancienne monarchie l'honneur des citoyens était un peu plus fortement protégé quand, pour des chansons *non publiées*, qui portaient atteinte à la considération de quelques écrivains, J.-B. Rousseau, condamné aux galères, a été forcé de s'expatrier pour le reste de sa vie. Il y a dans ce rapprochement entre les mœurs littéraires du temps présent et celles d'autrefois, la différence qui existe entre une société de cannibales et une société civilisée.

Maintenant, venons au fait. Vous avez pu comprendre que le prétendu romancier, quoiqu'il ait fait un travail remarquable sous le rapport dramatique, ne vaut pas madame d'Abrantès sous le rapport historique. Sans cette note, (et quelle note ?) l'auteur n'eût jamais révélé le petit fait que voici :

En 1823, dix ans avant que madame la duchesse d'Abrantès n'eût la pensée d'écrire ses mémoires, dans une soirée passée au coin du feu, à Versailles, l'auteur causant avec madame d'Abrantès du fait de l'enlèvement de Clément-de-Ris, lui raconta le secret de cette affaire que possédait une personne de sa famille à qui Clément-de-Ris montra l'endroit où les proclamations et tous les papiers nécessaires à la formation d'un gouvernement révolutionnaire avaient été brûlés.

Plus tard, quand madame la duchesse d'Abrantès mit dans ses mémoires le passage cité, l'auteur lui reprocha moins de l'avoir privé d'un sujet, que d'avoir tronqué l'histoire dans sa partie la plus essentielle. En effet, malgré sa surprenante mémoire, elle a commis une bien grande erreur. Feu Clément-de-Ris avait brûlé, lui-même, les imprimés qui furent la cause de son enlèvement, et là est l'odieux de la conception de Fouché qui, s'il avait fait espionner l'intérieur de Clément avant d'exécuter un pareil tour, se le serait épargné. Mais la grande animadversion de madame la duchesse d'Abrantès, envers le prince de Talleyrand, lui a fait aussi tronquer la scène que l'auteur lui raconta de nouveau et qui sert de conclusion à *Une Ténébreuse affaire.*

Ainsi, la note des biographes devient une de ces choses plaisantes, que des écrivains qui tiennent à paraître sérieux devraient éviter.

Maintenant arrivons à cette terrible et formidable accusation d'avoir commis *une méchante et mauvaise* action, en flétrissant la vie privée de feu M. le comte Clément-de-Ris, sénateur.

Il est presque ridicule d'avoir à se défendre de cette inculpation gratuite : D'abord, il n'y a entre le comte de Gondreville, censé encore vivant, et feu Clément-de-Ris, d'autre similitude que l'enlèvement et la qualité de sénateur. L'auteur a cru d'autant mieux pouvoir, après quarante ans, prendre le fait sans prendre le personnage, qu'il mettait en scène un type bien éloigné de ressembler à feu Clément-de-Ris. Qu'a voulu l'auteur? Peindre la police politique aux prises avec la vie privée et son horrible action. Il a donc conservé toute la partie politique en ôtant à cette affaire tout ce qu'elle avait de vrai par rapport aux personnes. Depuis longtemps d'ailleurs, l'auteur essaye de créer dans le comte de Gondreville, le type de ces républicains, hommes d'État secondaires, qui se sont rattachés à tous les gouvernements. Il aurait suffi de connaître les œuvres où il a déjà mis en scène ce comparse du grand drame de la Révolution, pour s'éviter une pareille balourdise; mais l'auteur n'a pas plus la prétention d'imposer la lecture de ses œuvres aux biographes que la peine de connaître sa vie. Peut-être est-ce dans la peinture vraie du caractère de Gondreville que gît *la méchante et mauvaise action* aux yeux des radicaux. Certes, il n'y a rien de commun entre le personnage de la scène intitulée : *La paix du ménage* qui reparaît dans celle intitulée : *Une Election en Champagne*, et le comte Clément-de-Ris : l'un est un type, l'autre est un des personnages de la Révolution et de l'Empire. Un type, dans le sens qu'on doit attacher à ce mot, est un personnage qui résume en lui-même les traits caractéristiques de tous ceux qui lui ressemblent plus ou moins, il est le modèle du genre. Aussi trouvera-t-on des points de contact entre ce type et beaucoup de personnages du temps présent ; mais qu'il soit un de ces personnages, ce serait lors la condamnation de l'auteur, car son acteur ne serait plus une invention. Voyez à quelles misères sont exposés aujourd'hui les écrivains, par ce temps où tout se traite si légèrement? L'auteur s'applaudissait du bonheur avec lequel il avait *transposé*, dans un milieu vrai, le fait le plus invraisemblable.

Si quelque romancier s'avisait d'écrire comme il s'est passé, le procès des gentils-hommes mis à mort malgré leur innocence proclamée par trois départements, ce serait le livre le plus impossible du monde. Aucun lecteur ne voudrait croire qu'il se soit trouvé dans un pays comme la France, des tribunaux pour accepter de pareilles fables. L'auteur a donc été forcé de créer des circonstances analogues qui ne fussent pas les mêmes, puisque le vrai n'était pas probable. De cette nécessité procédait la création du comte de Gondreville que l'auteur devait faire sénateur comme feu Clément-de-Ris et faire enlever comme il l'a été. L'auteur a le droit de le dire : ces difficultés eussent été peut-être insurmontables, il fallait pour les vaincre un homme habitué, comme l'auteur est (hélas!) forcé de l'être aux obstacles de ce genre. Aussi, peut-être ceux à qui l'histoire est connue et qui liront *Une Ténébreuse Affaire*, remarqueront-ils ce prodigieux travail. Il a changé les lieux, changé les intérêts, tout en conservant le point de départ politique; il a enfin rendu littérairement parlant, l'impossible, vrai. Mais il a du atténuer l'horreur du dénouement. Il a pu rattacher l'origine du procès politique à un autre fait vrai, une participation inconnue à la conspiration de MM. de Polignac et de Rivière. Aussi en résulte-t-il un drame attachant, puisque les biographes le pensent, eux qui se connaissent en romans. L'obligation d'un peintre exact des mœurs se trouve alors accomplie : en copiant son temps, il doit ne choquer personne et ne jamais faire grâce aux choses : les choses ici, c'est l'action de la police, c'est la scène dans le cabinet du ministre des affaires étrangères dont l'authenticité ne saurait être révoquée en doute ; car elle fut racontée, à propos de l'horrible procès d'Angers, par un des triumvirs oculaires et auriculaires. L'opinion de la personne à qui elle fut dite a toujours été que, parmi les papiers brûlés par feu Clément-de-Ris, il pouvait s'en trouver de relatifs aux princes de la maison de Bourbon. Ce soupçon, entièrement personnel à cette personne et que rien de certain ne justifie, a permis à l'auteur de compléter ce type appelé par lui le comte de Gondreville. De l'accusation portée par les biographes contre l'auteur d'avoir commis moins un livre qu'une mauvaise action, il ne reste donc plus que la propension mauvaise de prêter aux gens des actions peu honorables, si elles étaient vraies, tendance qui, chez des biographes, ne prévient pas en faveur de l'impartialité, de la justice et de la vérité de leurs écrits.

L'auteur a d'ailleurs trouvés d'amples compensations dans le plaisir qu'a fait *Une Ténébreuse affaire* à un personnage encore vivant pour qui son livre a été la révélation d'un mystère qui avait plané sur toute sa vie : il s'agit du juge même de qui les Biographes ont écrit la vie Pour ce qui est des victimes de l'affaire, l'auteur croit leur avoir fait quelque bien, et consolé le malheur de certaines personnes qui, pour s'être trouvées sur le passage de la police, ont perdu leur fortune et le repos.

Un mois environ après sa publication dans *le Commerce*, l'auteur reçut une lettre signée d'un nom allemand Frantz de Sarrelouis, avocat, par laquelle on lui demandait un rendez-vous au nom du colonel Viriot, à propos de *Une Ténébreuse Affaire*. Au jour dit, vinrent deux personnes, monsieur Frantz et le colonel.

De 1819 à 1821, l'auteur, encore bien jeune, habitait le village de Villeparisis, et y entendait parler d'un certain colonel avec un enthousiasme d'autant plus communicatif, qu'en ce temps il y avait du péril à parler des héros napoléoniens. Ce colonel, aux proportions héroïques, avait fait la guerre aux alliés avec le général de Vaudoncourt, ils manœuvraient avec son armée en Lorraine, sur les derrières des Alliés, et allaient, malheureusement à l'insu de l'Empereur, dégager la France et Paris au moment où Paris capitulait, et où l'Empereur éprouvait trahison sur trahison (1). Ce colonel n'avait pas seulement payé de sa personne, il avait employé sa fortune, une fortune considérable; et comme il était difficile d'admettre de pareilles réclamations en 1817, ce soldat plantait ses choux, selon l'expression de Biron.

En 1815, le colonel avait recommencé son dévoûment de 1814, en Lorraine et toujours sur les derrières de l'armée ennemie avec le général de Vaudoncourt, et même après l'embarquement de Napoléon. A cause de ce sublime entêtement, le général de Vaudoncourt, qui avait failli prendre en flagrant délit les Alliés, fut condamné à mort conjointe-

---

(1) Voir *le Moniteur* (21 juin 1839). Rapport de la pétition de M. Frantz et le discours de M. le baron de Ladoucette, ancien préfet de la Moselle.

ment avec Frantz, et par le même arrêt rendu par la cour prévotale de Metz.

Pour un jeune homme, ces détails révélaient ces audacieux partisans d'une poésie merveilleuse ; il se figurait ce colonel comme un demi-dieu, et s'indignait de ce que les Bourbons n'employaient point, après la chute de l'Empereur, des dévoûments si français.

L'opinion personelle de celui qui appartient moins *au parti conservateur* qu'au *principe monarchique* est que la défense du pays est un principe aussi sacré que celui de la défense de la royauté. A ses yeux, ceux qui ont émigré pour défendre le principe royal sont tout aussi nobles, tout aussi grands et courageux que ceux qui sont restés en France pour défendre la patrie. Selon lui, les obligations du trône, en 1816, étaient les mêmes envers les compagnons de l'exil et les défenseurs de la France : leurs services étaient également respectables. On devait autant au maréchal Soult qu'au maréchal Bourmont. En révolution, un homme peut hésiter, il peut flotter entre le pays et le roi; mais quelque soit le parti qu'il prenne, il fait également bien : la France est au roi comme le roi est à la France. Il est si certain que le roi est tout dans un État que, le chef du gouvernement abattu, nous avons vu depuis cinquante ans autant de *pays* que de *chefs*. Une pareille opinion paraîtra bien conservatrice et ne plaira point aux Radicaux, parce que c'est tout bonnement la raison.

L'auteur entendit l'avocat Frantz qui passa le premier lui annoncer le colonel Viriot, l'un de ses amis qui, dit-il, habitait Livry. Et le colonel parut, un grand et gros homme, qui avait dû avoir une superbe prestance, mais les cheveux blanchis, vêtu d'une redingote bleue ornée du ruban rouge, une figure débonnaire et où l'on ne découvrait la fermeté, la résolution, qu'après l'examen le plus sérieux.

Nous voilà tous trois assis, dans une petite mansarde, au cœur de Paris, devant un maigre feu.

— Nous avons fait la guerre à nos dépens, monsieur, me dit le bon petit avocat Frantz qui ne marche qu'à l'aide de béquilles et paraissait avoir servi de modèle à Hoffman pour une de ses figures fantastiques.

L'auteur regarde l'avocat qui, malgré sa tournure bizarre, était simple, naïf, digne comme le père de Jeanie Deans dans *La Pri-*

son d'Édimbourg, et l'auteur trouvant si peu dans ce visage la guerre et ses épouvantables scènes, crut à quelques hallucinations. Les paysans et les fermiers de Livry, Villeparisis, Claye, Vauxjours et autres lieux, auront fait de la poésie, pensa-t-il.

— Oui, me dit le colonel, Frantz est un vigoureux partisan, un chaud patriote, et en bon Sarrelouisien qu'il est, il fut un de nos meilleurs capitaines.

En ce moment, l'auteur éprouvait une joie profonde, la joie du romancier voyant des personnages fantastiques réels, en voyant se métamorphoser l'avocat Frantz en un capitaine de partisans; mais tout à coup il réprima la jovialité naturelle du Parisien qui commence par se moquer de tout, en songeant que l'avocat devait peut-être ses béquilles à des blessures reçues en défendant la France. Et sur une demande à ce sujet, commencèrent des récits sur les opérations faites en 1814 et en 1815, dans la Lorraine et l'Alsace, que l'auteur se gardera bien de reproduire ici, car ces messieurs lui ont promis de lui donner tous les renseignements nécessaires, pour les mettre dans les *Scènes de la vie militaire,* mais qui sont à désespérer en pensant que tant d'héroïsme et de patriotisme fut inutile, et que la France ignore de si grandes choses.

Le petit avocat avait deux cent mille francs de fortune pour tout bien : en voyant la France attaquée au cœur, il les réalise et les réunit aux restes de la fortune de Viriot pour lever un corps franc avec lequel il se joint au corps levé par le colonel Viriot, ils prennent Vaudoncourt pour général, et les voilà faisant lever le siége de Longwy assiégé par quinze mille hommes et bombardé par le prince de Hesse-Hambourg, un fait d'armes surprenant d'audace; enfin battant les Alliés et défendant le pays! Les Bourbons revenus, ces hommes sublimes passent chenapans ou gibier de conseil de guerre, et sont obligés de fuir le pays qu'ils ont voulu défendre. Revenus, à grand'peine, l'un en 1818, le capitaine Frantz seulement en 1832, il a fallu vivre dans l'obscurité, par le seul sentiment des devoirs accomplis. Le colonel avait dépensé en deux fois une fortune de quatre à cinq cent mille francs, et l'avocat plus de deux cent mille, eux qui avaient gagné sur l'ennemi des valeurs estimées plus de deux cent mille francs, et qu'ils avaient remises à l'État en espérant la victoire. Où trouverions-nous aujourd'hui, par les mœurs que nous a faites l'individualisme de l'industrie, entre deux hommes, près d'un million pour défendre la France ?

L'auteur n'est pas d'un naturel pleureur ; mais une demi-heure après l'entrée de ces deux vieux héroïques partisans, il se sentit les yeux humides.

— Eh bien, leur dit-il, si les Bourbons de de la branche aînée n'ont pas su récompenser ce dévoûment qu'on leur a caché, qu'a fait 1830 ?

Frantz de Sarrelouis, un peu mis en défiance par la qualification d'auteur, avait eu soin de dire que ces campagnes et ces sacrifices étaient appuyés de pièces probantes, que la Lorraine et l'Alsace avaient retenti de leurs faits et gestes. L'auteur s'était contenté de penser qu'on ne promène pas clandestinement plusieurs milliers d'hommes en infanterie, cavalerie et artillerie, qu'on ne fait pas lever le siége à un prince de Hesse-Hambourg, au moment où il attend la reddition d'une place comme Longwy, sans quelques dégats.

Ces deux Décius presque inconnus étaient en réclamation !

1830 qui a payé la honteuse dette des États-Unis, espèce de vol à l'Américaine, a opposé la déchéance *à des condamnés à mort !* 1830 qui a soldé le patriotisme de tant de faux patriotes, qui a inventé des honneurs pour les héros de Juillet, qui a dépensé des sommes folles à ériger un tuyau de poële sur la place de la Bastille, 1830 en est à examiner les réclamations de ces deux braves, et à jeter des secours temporaires à Frantz à qui l'on n'a même pas donné la croix de la Légion-d'Honneur, que Napoléon aurait détachée de sa poitrine pour la mettre sur celle d'un si audacieux partisan.

Faisons un roman au profit de ces deux braves?

Paris a tenu trois jours, Napoléon est apparu sur les derrières des Alliés, les a pris, les a fouaillés de sa mitraille, les Empereurs et les Rois se sauvent en déroute, ils se sauvent tous à la frontière : la peur va plus vite que la victoire, ils échappent!... L'Empereur, qui a peu de cavalerie, est au désespoir de ne pas leur barrer le chemin, mais à quarante lieues de Paris, un intrépide émissaire le rencontre.

— Sire, dit-il, trois partisans, le général Vaudoncourt, le colonel Viriot, le capitaine Frantz ont réuni quarante mille Lorrains et Alsaciens, les Alliés sont entre deux feux, vous pouvez marcher, les partisans leur barreront le passage. Maintenez l'intégrité de votre empire!

Qu'aurait fait Napoléon?

Vaudoncourt, le proscrit de 1815, eût été maréchal, duc, sénateur. Viriot serait devenu général de division, grand officier de la Légion-d'Honneur, comte et son aide-de-camp! et il l'eût doté richement! Frantz aurait été préfet ou procureur-général à Colmar! Enfin deux millions seraient sortis des caves des Tuileries pour les indemniser, car l'empereur savait d'autant mieux récompenser que l'argent ne lui coûtait rien. Hélas! ceci est bien un roman! Le pauvre colonel plante ses choux à Livry, Frantz raconte les campagnes de 1814 et 1815, va se chauffer sur la place Royale, au Café des Ganaches; enfin le livre de Vaudoncourt est sur les quais! Les députés qui parlent d'abandonner Alger sont comblés des faveurs ministérielles! Richard Lenoir est mort dans un état voisin de l'indigence, en voyant avorter la souscription faite pour lui, pour lui qui, en 1814, imitait dans le monde commercial l'héroïsme des partisans de la Lorraine. La France ressemble parfois à une courtisane distraite : elle donne un million à la mémoire d'un parleur éloquent appelé Foy, dont le nom sera, peut-être, un problème dans deux cents ans; elle fête le 17ᵉ Léger comme s'il avait conquis Alger, et par de telles inconséquences, le pays le plus spirituel du monde écrit en lettres infâmes cette infâme sentence : *Il faut se dévouer à temps!* la maxime des hommes du lendemain. Salut au gouvernement de la majorité !

L'auteur et les deux partisans se trouvaient alors bien loin de *Une ténébreuse affaire*, et néanmoins bien près, car ils furent au cœur du sujet par cette simple interrogation que l'auteur fit au colonel : — Comment n'êtes-vous que colonel et sans aucune retraite? (1)

— Je suis colonel depuis 1800, et je dois ma longue disgrâce à l'affaire qui fait le fonds de votre ouvrage. La lecture du journal *le Commerce* m'a seule appris le secret du mystère qui, pendant quinze ans, a pesé sur mon existence.

(1) Le colonel Viriot n'a plus que quatre cents francs de rente. Et il a une femme et un fils.

Le colonel Viriot commandait à Tours, quand s'est passé aux environs de cette ville l'affaire Clément-de-Ris, et après la cassation du premier arrêt, car les accusés ont été soumis à deux juridictions, le colonel fut nommé membre de la Cour militaire spéciale instituée pour rejuger l'affaire. Or, le colonel, comme commandant la place de Tours, avait *visé* le passeport de l'agent de la police, l'acteur de ce drame, et, quand il devint juge, il protesta contre l'arrêt, se rendit auprès du premier consul afin de l'éclairer ; mais il apprit à ses dépens, combien il est difficile d'éclairer le chef d'un État : c'est tout aussi difficile que de vouloir éclaircir l'opinion publique ; il n'est pas de rôle plus ingrat que celui de Don Quichotte. L'on ne s'aperçoit de la grandeur de Cervantes qu'en

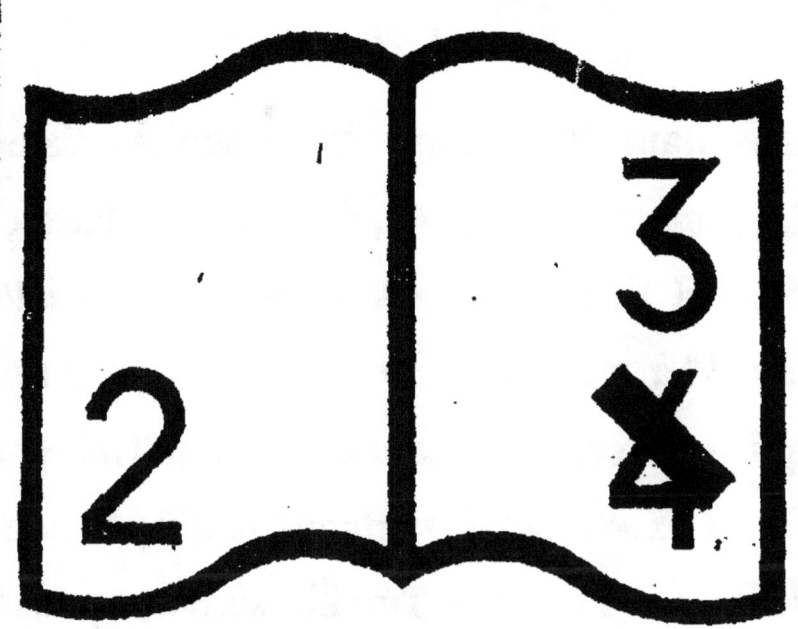

Pagination incorrecte — date incorrecte
NF Z 43-120-12

DE LA PAGE 44 bis
A LA PAGE 46 bis

exécutant une scène de Donquichottisme. Le premier consul vit, dans la conduite du colonel Viriot, *une affaire de discipline militaire!* La main sur la conscience, vous tous qui lirez cela, demandez-vous si Tibère et Omar exigeaient davantage? Laubardemont, Jeffries et Fouquier Tinville sont une pensée identique, avec celle qu'a eue alors et qu'a professée celui qui fut Napoléon. Toute domination a soif de cet axiôme : *Il ne doit pas y avoir de conscience en fait de justice politique.* La Royauté commet alors le même crime que le Peuple : elle ne juge plus, elle assassine.

Le colonel Viriot, qui ne savait pas Fouché en tête, resta colonel sans emploi pendant quatorze ans de guerre, et pour un homme qui devait faire la guerre aux alliés, comme le prince de Radziville la fit à Catherine II, à son compte, chacun concevra combien dure était la disgrâce!

Le dénoûment, entièrement historique, de *Une ténébreuse affaire*, l'avait éclairé.

Depuis le jour où l'auteur a eu l'honneur de recevoir cet homme, aussi grand par sa fermeté de conscience, comme juge, qu'il l'a été, comme volontaire en 1814 et 1815, sa biographie, où sont consignés ses différents titres de gloire, a été publiée, et il faut croire que la note concernant *Une ténébreuse affaire* y fut insérée à son insu; car les témoignages d'admiration de l'auteur pour un si noble caractère n'étaient pas équivoques: il comptait toujours rendre compte de la visite de ses deux braves partisans, dont l'un est le témoignage vivant des ténèbres, aujourd'hui dissipées, du plus infâme procès politique fait à d'innocents gentilshommes, et dont l'autre, après avoir sacrifié tout ce qu'il possédait, corps et biens, à la France, a, malgré tant d'ingratitude, écrit, en tête d'un remarquable document sur l'organisation militaire de la Prusse, ces paroles :

« La vertu, c'est le dévoûment à la patrie ! »

Pour ce qui concerne l'auteur, il pardonne bien l'accusation facétieuse dont il est l'objet en lisant les biographies du capitaine Frantz et du colonel Viriot où sont inscrits les témoignages de dévoûment à la France donnés par des hommes dignes de Plutarque. Y a-t-il un roman qui vaille la vie du capitaine Frantz, condamné à mort en France, recondamné à mort en Prusse, et toujours pour des actions sublimes? (Voyez leurs biographies.)

DÉDICACE.

A Monsieur de Margone,

Son hôte du château de Saché,
reconnaissant,

H. de Balzac.

UNE

TÉNÉBREUSE AFFAIRE.

I

LE JUDAS.

L'automne de l'année 1803 fut un des plus beaux de la première période de ce siècle qu'en France nous nommons l'Empire. En octobre, quelques pluies avaient rafraîchi les prés, les arbres étaient encore verts et feuillés au milieu du mois de novembre. Aussi le peuple commen-

PAGINATION DECALEE

çait-il à établir entre le ciel et Bonaparte, alors déclaré consul à vie, une entente à laquelle cet homme a dû l'un de ses prestiges. Chose étrange ! le jour où, en 1812, le soleil lui manqua, ses prospérités cessèrent.

Le 15 novembre de cette année, vers quatre heures du soir, le soleil jetait comme une poussière rouge sur les cimes centenaires de quatre rangées d'ormes d'une longue avenue seigneuriale, et faisait briller le sable et les touffes d'herbes d'un de ces immenses rond-points qui se trouvent dans les campagnes où la terre fut jadis estimée assez peu pour être sacrifiée à l'ornement. L'air était si pur et l'atmosphère si douce, qu'une famille prenait alors le frais comme en été.

Un homme vêtu d'une veste de chasse, en coutil vert, à boutons verts, et d'une culotte de même étoffe, chaussé de souliers à semelles minces, et qui avait des guêtres de coutil montant jusqu'au genou, nettoyait une carabine rayée, avec le soin que mettent à cette occupation les chasseurs adroits, dans leurs moments de loisir. Cet homme n'avait ni carnier, ni gibier, aucun des agrès qui annoncent le retour de la chasse. Deux femmes, assises auprès de lui, le regardaient et paraissaient en proie à une terreur mal déguisée.

Quiconque eût pu contempler cette scène, caché dans un buisson, aurait sans doute frémi comme frémissaient la vieille belle-mère et la femme de cet homme. Évidemment un chasseur ne prend pas de si minutieuses précautions pour tuer le gibier, et n'emploie pas, dans le département de l'Aube, une lourde carabine rayée.

— Tu veux tuer des chevreuils, Michu? lui dit sa belle jeune femme en tâchant de prendre un air riant.

Avant de répondre, Michu examina son chien qui, couché au soleil, les pattes en avant, le museau sur les pattes, dans la charmante attitude des chiens de chasse, venait de lever la tête et flairait alternativement en avant de lui dans l'avenue d'un quart de lieue de longueur et vers un chemin de traverse qui débouchait à gauche dans le rond-topin.

— Non, répondit-il, mais un monstre que je ne veux pas manquer, un loup cervier.

Le chien, un magnifique épagneul, à robe blanche tachetée de brun, grogna.

— Bon, dit Michu, des espions! le pays en fourmille.

Madame Michu leva douloureusement les yeux au ciel. Belle blonde aux yeux bleus, faite comme une statue antique, pensive et recueillie, elle paraissait être dévorée par un chagrin noir et amer.

L'aspect du mari pouvait expliquer jusqu'à

un certain point la terreur des deux femmes.

Les lois de la physionomie sont exactes, non seulement dans leur application au caractère, mais encore relativement au fatalisme de l'existence. Il y a des physionomies prophétiques.

S'il était possible, et cette statistique vivante importe à la société, d'avoir un dessin exact de ceux qui périssent sur l'échafaud, la science de Lavater et celle de Gall prouveraient invinciblement qu'il y avait dans la tête de tous ces gens, et même chez les innocents, des signes étranges. Oui, la Fatalité met sa marque au visage de ceux qui doivent mourir d'une mort violente quelconque !

Or, ce sceau, visible aux yeux de l'observateur, était empreint sur la figure expressive de l'homme à la carabine.

Petit et gros, brusque et leste comme un singe, mais d'un caractère calme, Michu avait une face blanche, injectée de sang et ramassée comme celle d'un Calmouque, à laquelle des cheveux rouges et crépus donnaient une expression sinistre. Ses yeux jaunâtres et clairs offraient, comme ceux des tigres, une profondeur intérieure où le regard de qui l'examinait allait se perdre, sans y rencontrer de mouvement ni de chaleur. Fixes, lumineux et rigides, ces yeux finissaient par épouvanter. L'opposition constante de l'immobilité des yeux avec la vivacité du corps ajoutait encore à l'impression glaciale que Michu causait au premier abord. Prompte chez cet homme, l'action devait desservir une pensée unique, de même que, chez les animaux, la vie est au service de l'instinct.

Depuis 1793, il avait aménagé sa barbe rousse en éventail. Quand même il n'aurait pas été, pendant la Terreur, président d'un club de Jacobins, cette particularité de sa figure l'eût, à elle seule, rendu terrible à voir. Cette figure socratique était couronnée par un très-beau front, mais si bombé qu'il paraissait être en surplomb sur le visage. Les oreilles bien détachées possédaient une sorte de mobilité comme celles des bêtes sauvages toujours sur le qui-vive. La bouche, entr'ouverte par une habitude assez ordinaire chez les campagnards, laissait voir des dents fortes et blanches comme des amandes, mais mal rangées. Des favoris épais et luisants encadraient cette face blanche et violacée par places. Les cheveux coupés ras sur le devant, longs sur les joues et par derrière, faisaient, par leur rougeur fauve, parfaitement ressortir tout ce que cette physionomie avait d'étrange et de fatal. Le cou, court et gros, tentait le couperet de la loi.

En ce moment, le soleil, prenant ce groupe en écharpe, illuminait en plein ces trois têtes que le chien regardait par moments.

Cette scène se passait sur un magnifique théâtre.

Ce rond-point est à l'extrémité du parc de

Gondreville, une des plus riches terres de France, et, sans contredit, la plus belle du département de l'Aube : magnifiques avenues d'ormes, château construit sur les dessins de Mansard, parc de quinze cents arpents enclos de murs, neuf grandes fermes, une forêt, des moulins, et des prairies.

Cette terre quasi royale appartenait avant la Révolution à la famille de Simeuse. Ximeuse est un fief situé en Lorraine ; on prononçait Simeuse, et l'on avait fini par l'écrire comme on le prononçait.

La grande fortune des Simeuse, gentilshommes attachés à la maison de Bourgogne, remonte au temps où les Guise menacèrent les Valois. Louis XIV se souvint du dévoûment des Simeuse à la factieuse maison de Lorraine, et les rebuta. Le marquis de Simeuse d'alors, vieux Bourguignon, vieux guisard, vieux ligueur, vieux frondeur, — il avait hérité des quatre grandes rancunes de la noblesse contre la royauté, — vint vivre à Cinq-Cygne.

Ce courtisan, repoussé du Louvre, avait épousé la veuve du comte de Cinq-Cygne, la branche cadette de la fameuse maison de Chargebœuf, une des plus illustres de la vieille comté de Champagne, mais qui devint aussi célèbre et plus opulente que l'aînée. Le marquis, un des hommes les plus riches de ce temps, au lieu de se ruiner à la cour, bâtit Gondreville, en composa les domaines, et y joignit des terres, uniquement pour se faire une belle chasse. Il construisit également à

Troyes l'hôtel de Simeuse, à peu de distance de l'hôtel de Cinq-Cygne. Ces deux vieilles maisons et l'évêché furent pendant long-temps à Troyes les seules maisons en pierre. Il vendit Simeuse au duc de Lorraine.

Son fils dissipa les économies et quelque peu de cette grande fortune, sous le règne de Louis XV; mais ce fils devint chef d'escadre, vice-amiral, et répara les folies de sa jeunesse par d'éclatants services.

Le marquis de Simeuse, fils de ce marin, avait péri sur l'échafaud, à Troyes, laissant deux enfants jumeaux qui émigrèrent, et se trouvaient en ce moment à l'étranger, suivant le sort de la maison de Condé.

Ce rond-point était jadis le rendez-vous de

chasse du Grand Marquis : on nommait ainsi dans la famille le Simeuse qui érigea Gondreville.

Michu habitait depuis 1789 ce rendez-vous, sis à l'intérieur du parc, bâti du temps de Louis XIV, et appelé le pavillon de Cinq-Cygne. Le village de Cinq-Cygne est au bout de la forêt de Nodesme (corruption de Notre-Dame), à laquelle mène l'avenue à quatre rangs d'ormes où Couraut flairait des espions.

Depuis ce Grand Marquis, ce pavillon avait été tout à fait négligé. Le vice-amiral hanta beaucoup plus la mer et la cour que la Champagne. Son fils donna ce pavillon pour demeure à Michu.

Ce noble bâtiment est en briques, orné de pierre vermiculée aux angles, aux portes et aux fenêtres. De chaque côté s'ouvre une grille d'une belle serrurerie, mais rongée de rouille; et après la grille s'étend un large, un profond saut de loup, d'où s'élancent des arbres vigoureux, dont les parapets sont hérissés d'arabesques en fer qui présentent leurs innombrables piquants aux malfaiteurs.

Les murs du parc ne commencent qu'au delà de la circonférence produite par le rond-point.

En dehors, la magnifique demi-lune est dessinée par des talus plantés d'ormes, comme celle qui lui correspond dans le parc est formée par des massifs d'arbres exotiques. Ainsi le pavillon occupe le centre du rond-point tracé par ces deux fers-à-cheval.

Michu avait fait des anciennes salles du rez-de-chaussée une écurie, une étable, une cuisine et un bûcher. De l'antique splendeur, la seule trace est une antichambre dallée en marbre noir et blanc où l'on entre, du côté du parc, par une de ces portes-fenêtres vitrées en petits carreaux, comme il y en avait encore à Versailles avant que Louis-Philippe n'en fît l'hôpital des gloires de la France.

A l'intérieur, ce pavillon est partagé par un vieil escalier en bois vermoulu, mais plein de caractère, qui mène au premier étage, où se trouvent cinq chambres, un peu basses d'étage. Au dessus s'étend un immense grenier.

Ce vénérable édifice est coiffé d'un de ces grands combles à quatre pans dont l'arète est ornée de deux bouquets en plomb, et percé de quatre de ces œils-de-bœuf que Mansard affectionnait avec raison : en France, l'attique et les toits plats à l'italienne sont un non-sens contre lequel le climat proteste. Michu mettait là ses fourrages.

Toute la partie du parc qui environne ce vieux pavillon est à l'anglaise. A cent pas, un ex-lac, devenu simplement un étang bien empoissonné, attestait sa présence autant par un léger brouillard au dessus des arbres que par le cri de mille grenouilles, crapauds et autres amphibies bavards au coucher du soleil. La vétusté des choses, le profond silence des bois, la perspective de l'avenue, la forêt au loin, mille détails, les fers rouges de rouille, les masses de pierres veloutées par les mousses, tout poétise cette construction qui existe encore.

Au moment où commence cette histoire, Michu était appuyé à l'un des parapets moussus sur lequel se voyaient sa poire à poudre, sa casquette, son mouchoir, un tournevis, des chiffons, enfin tous les ustensiles nécessaires à sa suspecte opération. La chaise de sa femme se trouvait adossée à côté de la porte extérieure du pavillon, au dessus de laquelle existaient encore les armes de Simeuse richement sculptées avec leur belle devise : *Si meurs !* La mère, vêtue en paysanne, avait mis sa chaise devant madame Michu pour qu'elle eût les pieds à l'abri de l'humidité, sur un des bâtons.

— Le petit est là ? demanda Michu à sa femme.

— Il rôde autour de l'étang, il est fou des grenouilles et des insectes, dit la mère.

Michu siffla de façon à faire trembler.

La prestesse avec laquelle son fils accourut démontrait le despotisme exercé par le régisseur de Gondreville. Michu, depuis 1789, mais surtout depuis 1793, était à peu près le maître de cette terre. La terreur qu'il inspirait à sa femme, à sa belle-mère, à un petit domestique nommé Gaucher, et à une servante nommée Marianne, était partagée à dix lieues à la ronde.

Peut-être ne faut-il pas tarder plus longtemps d'en dire les raisons, qui, d'ailleurs, achèveront au moral le portrait de Michu.

Le vieux marquis de Simeuse s'était défait de ses biens en 1790; mais, devancé par les évènements, il n'avait pu mettre en des mains fidèles sa belle terre de Gondreville. Accusé, en 1792, de correspondre avec les ducs de

Brunswick et le prince de Cobourg, le marquis de Simeuse et sa femme furent mis en prison et condamnés à mort par le tribunal révolutionnaire de Troyes, que présidait le père de Marthe.

Ce beau domaine fut donc vendu nationalement.

Lors de l'exécution du marquis et de la marquise, on y remarqua, non sans une sorte d'horreur, le garde-général de la terre de Gondreville, qui, devenu président du club des Jacobins d'Arcis, vint à Troyes pour y assister. Fils d'un simple paysan et orphelin, Michu, comblé des bienfaits de la marquise qui lui avait donné la place de garde-général, après l'avoir fait élever au château, fut regardé comme un Brutus par les exaltés; mais personne dans le pays ne le vit après ce trait d'ingratitude.

L'acquéreur fut un homme d'Arcis nommé Marion, petit-fils d'un intendant de la maison de Simeuse. Cet homme, avocat avant et après la Révolution, eut peur de ce garde ; il en fit son régisseur en lui donnant trois mille livres de gages et un intérêt dans les ventes.

Michu, qui passait déjà pour avoir une dixaine de mille francs, épousa, protégé par sa renommée de patriote, la fille d'un tanneur de Troyes, l'apôtre de la Révolution dans la ville, où il présida le tribunal révolutionnaire. Ce tanneur, homme de probité et de conviction, et qui, pour le caractère, ressemblait à

Saint-Just, se trouva mêlé plus tard à la conspiration de Babeuf : il se tua pour échapper au jugement. Marthe était la plus belle fille de Troyes. Aussi, malgré sa touchante modestie, avait-elle été forcée par son redoutable père de faire la déesse de la Liberté.

L'acquéreur ne vint pas trois fois en sept ans à Gondreville. Son grand père avait été l'intendant des Simeuse, tout Arcis crut alors que le citoyen Marion représentait messieurs de Simeuse.

Tant que dura la Terreur, le régisseur de Gondreville, patriote dévoué, gendre du président du tribunal révolutionnaire de Troyes, caressé par Malin (de l'Aube), l'un des représentants du département, se vit l'objet d'une sorte de respect.

Mais quand la Montagne fut vaincue, lorsque son beau-père se fut tué, Michu devint un bouc émissaire. Tout le monde s'empressa de lui attribuer, ainsi qu'à son beau-père, des actes auxquels il était, pour son compte, parfaitement étranger. Le régisseur se banda contre l'injustice de la foule ; il se roidit, prit une attitude hostile, et sa parole se fit audacieuse.

Cependant, depuis le 18 brumaire, il gardait ce profond silence qui est la philosophie des gens forts : il ne luttait plus contre l'opinion générale, il se contentait d'agir. Cette sage conduite le fit regarder comme un sournois ; car il possédait en terres une fortune d'environ cent mille francs. D'abord, il ne dépensait rien ; puis cette fortune lui venait légitimement, tant de la succession de son beau-père que des six mille francs par an que lui donnait sa place en profits et en appointements. Quoiqu'il fût régisseur depuis douze ans, quoique chacun pût faire le compte de ses économies; quand, au début du consulat, il acheta une ferme de cinquante mille francs, il s'éleva des accusations contre l'ancien Montagnard. Les gens d'Arcis lui prêtaient l'intention de recouvrer la considération en faisant une grande fortune. Malheureusement, au moment où chacun l'oubliait, une sotte affaire, envenimée par le caquet des campagnes, raviva la croyance générale sur la férocité de son caractère.

Un soir, à la sortie de Troyes, en compagnie de quelques paysans parmi lesquels se trouvait le fermier de Cinq-Cygne, il laissa tomber un papier sur la grande route. Ce fermier, qui marchait le dernier, se baisse et le ramasse. Michu se retourne, voit le papier dans les mains de cet homme, il tire aussitôt un pistolet de sa ceinture, l'arme et menace le fermier, qui savait lire, de lui brûler la cervelle s'il ouvrait le papier. L'action de Michu fut si rapide, si violente, le son de sa voix si effrayant, ses yeux si flamboyants, que tout le monde eut froid de peur. Le fermier de Cinq-Cygne était naturellement un ennemi de Michu.

Mademoiselle de Cinq-Cygne, cousine des Simeuse, n'avait plus qu'une ferme pour toute fortune et habitait son château de Cinq-Cygne. Elle ne vivait que pour ses cousins les jumeaux, avec lesquels elle avait joué dans son enfance à Troyes et à Gondreville. Son frère unique, Jules de Cinq-Cygne, émigré avant les Simeuse, était mort devant Mayence; mais par un privilège assez rare et dont il sera parlé, le nom de Cinq-Cygne ne périssait point faute de mâles.

Cette affaire entre Michu et le fermier de Cinq-Cygne fit un tapage épouvantable dans l'arrondissement, et rembrunit les teintes mystérieuses qui voilaient Michu. Mais cette circonstance ne fut pas la seule qui le rendit redoutable.

Quelques mois après cette scène, le citoyen

Marion vint avec le citoyen Malin à Gondreville. Le bruit courut que Marion allait vendre la terre à cet homme que les évènements politiques avaient bien servi, et que le Premier Consul venait de placer au conseil d'État pour le récompenser de ses services au 18 brumaire. Les politiques d'Arcis devinèrent alors que Marion avait été le prête-nom du citoyen Malin au lieu d'être celui de messieurs de Simeuse. Le tout-puissant conseiller d'État était le plus grand personnage d'Arcis : il avait envoyé l'un de ses amis politiques à la préfecture de Troyes, il avait fait exempter du service le fils d'un des fermiers de Gondreville, appelé Beauvisage, il rendait service à tout le monde. Cette affaire ne devait point rencontrer de contradicteurs dans le pays, où **Malin** régnait et où il règne encore. On était à l'aurore de l'Empire.

Ceux qui lisent aujourd'hui des histoires de la révolution française ne sauront jamais quels immenses intervalles la pensée publique mettait entre les évènements si rapprochés de ce temps. Le besoin général de paix et de tranquillité que chacun éprouvait après de violentes commotions, engendrait un complet oubli des faits antérieurs les plus graves. L'histoire vieillissait promptement, constamment mûrie par des intérêts nouveaux et ardents.

Ainsi personne, excepté **Michu**, ne rechercha le passé de cette affaire qui fut trouvée toute simple. Marion qui, dans le temps, avait acheté Gondreville six cent mille francs en assignats, le vendit un million en écus; mais la seule somme déboursée par Malin fut le droit de l'enregistrement : Grévin, son camarade de cléricature, favorisait naturellement ce tripotage, et le conseiller d'État le récompensa en le faisant nommer notaire à Arcis.

Quand cette nouvelle parvint au pavillon, apportée par le fermier d'une ferme sise entre la forêt et le parc, à gauche de la belle avenue, et nommée Grouage, Michu devint pâle et sortit : il alla épier Marion, et finit par le rencontrer seul dans une allée du parc.

— Monsieur vend Gondreville ?

— Oui, Michu, oui. Vous aurez un homme puissant pour maître. Le conseiller d'État est l'ami du Premier Consul ; il est lié très-intimement avec tous les ministres : il vous protégera.

— Vous gardiez donc la terre pour lui?

— Je ne dis pas cela, reprit Marion. Je ne savais dans le temps comment placer mon argent, et pour ma sécurité, je l'ai mis dans les biens nationaux; mais il ne me convient pas de garder la terre qui appartenait à la maison où mon père...

— A été domestique, intendant, dit violemment Michu. Mais vous ne la vendrez pas?

je la veux, et je puis vous la payer, moi.

— Toi?

— Oui, moi, sérieusement et en bon or : huit cent mille francs…?

— Huit cent mille francs! où les as-tu pris? dit Marion.

— Cela ne vous regarde pas, répondit Michu. Puis, en se radoucissant, il ajouta tout bas : — Mon beau-père a sauvé bien des gens!

— Tu viens trop tard, Michu, l'affaire est faite.

— Vous la déferez, Monsieur ! s'écria le régisseur en prenant son maître par la main et la lui serrant comme dans un étau. Je suis haï, je veux être riche et puissant ; il me faut Gondreville ! Sachez-le, je ne tiens pas à la vie, et vous allez me vendre la terre, ou je vous ferai sauter la cervelle...

— Mais au moins faut-il le temps de me retourner avec Malin, qui n'est pas commode...

— Je vous donne vingt-quatre heures. Si vous dites un mot de ceci, je me soucie de vous couper la tête comme de couper une rave...

Marion et Malin quittèrent le château pendant la nuit. Marion eut peur, et instruisit le conseiller d'État de cette rencontre en lui disant d'avoir l'œil sur le régisseur. Il était impossible à Marion de se soustraire à l'obligation de rendre cette terre à celui qui l'avait réellement payée, et Michu ne paraissait homme ni à comprendre ni à admettre une pareille raison.

D'ailleurs, ce service rendu par Marion à Malin devait être et fut l'origine de sa fortune politique et de celle de son frère. Malin fit nommer, en 1806, l'avocat Marion président d'une cour impériale, et dès la création des receveurs généraux, il procura la recette générale de l'Aube au frère de l'avocat. Le conseiller d'État dit à Marion de demeurer à Paris, et prévint le ministre de la police qui mit le garde en surveillance. Néanmoins, pour ne pas le pousser à des extrémités, et pour le mieux surveiller peut-être, Malin laissa Michu régisseur, sous la férule du notaire d'Arcis.

Depuis ce moment, Michu, qui devint de plus en plus taciturne et songeur, eut la réputation d'un homme capable de faire un mauvais coup.

Malin, conseiller d'État, dignité que le Premier Consul rendit alors égale à celle de ministre, et l'un des rédacteurs du code, jouait un grand rôle à Paris où il avait acheté l'un des plus beaux hôtels du faubourg Saint-Germain, après avoir épousé la fille unique de Sibuelle, un riche fournisseur, assez déconsidéré, qu'il associa pour la recette de l'Aube à Marion. Aussi n'était-il pas venu plus d'une fois à Gondreville; il s'en reposait d'ailleurs sur Grévin, de tout ce qui concernait ses intérêts. Enfin, qu'avait-il à craindre, lui, ancien représentant de l'Aube, d'un ancien président du club des Jacobins d'Arcis ?

Cependant, l'opinion, déjà si défavorable à Michu dans les basses classes, fut naturellement partagée par la bourgeoisie. Marion, Grévin et Malin, sans s'expliquer ni se compromettre, le signalèrent comme un homme excessivement dangereux. Obligés de veiller sur lui par le ministre de la police générale, les autorités ne détruisirent pas cette croyance. On avait fini, dans le pays, par s'étonner de ce que Michu gardait sa place; mais on prit cette concession pour un effet de la terreur qu'il inspirait.

Qui maintenant ne comprendrait pas la profonde mélancolie exprimée par Marthe Michu?

D'abord, elle avait été pieusement élevée par sa mère. Toutes deux, bonnes catholiques, avaient souffert des opinions et de la conduite du tanneur. Marthe ne se souvenait jamais sans rougir d'avoir été promenée dans la ville de Troyes en costume de déesse. Son père l'avait contraint d'épouser Michu, dont la mauvaise réputation allait croissant et qu'elle redoutait trop pour pouvoir jamais le juger.

Néanmoins, Marthe se sentait aimée, et au fond de son cœur il y avait pour cet homme effrayant la plus vraie des affections : elle ne lui avait jamais vu rien faire que de juste, jamais ses paroles n'étaient brutales, pour elle du moins ; il devinait tous ses désirs. Ce pauvre paria, croyant être désagréable à sa femme, restait presque toujours dehors. Marthe et Michu, en défiance l'un de l'autre, vivaient dans ce qu'on appelle aujourd'hui *une paix armée*.

Marthe, qui ne voyait personne, sentait vivement et la réprobation qui, depuis sept ans, la frappait comme fille d'un coupe-tête, et celle qui frappait son mari comme traître. Plus d'une fois, elle avait entendu les gens de la ferme qui se trouvait dans la plaine, à droite de l'avenue appelée Bellache et tenue par Beauvisage, un homme attaché aux Simeuse dire en passant devant le pavillon :

— Voilà la maison des Judas!

La singulière ressemblance de la tête du régisseur avec celle du treizième apôtre, et qu'il semblait avoir voulu compléter, lui valait en effet cet odieux surnom dans tout le pays. Aussi ce malheur et de vagues, de constantes appréhensions de l'avenir, rendaient-ils Marthe pensive et recueillie.

Rien n'attriste plus profondément qu'une dégradation imméritée et de laquelle il est impossible de se relever. Un peintre eût fait un beau tableau de cette famille de parias au sein d'un des plus jolis sites de la Champagne, où le paysage est généralement triste.

—François ! cria le régisseur pour faire encore hâter son fils.

François Michu, enfant âgé de dix ans, jouissait du parc, de la forêt, et levait ses menus suffrages en maître : il mangeait les fruits, il chassait, il n'avait ni soins ni peines; il était le seul être heureux de cette famille, isolée dans le pays par sa situation entre le parc et la forêt, comme elle l'était moralement par la répulsion générale.

—Ramasse-moi tout ce qui est là, dit-il à

son fils en lui montrant le parapet, et serre-moi cela. Regarde-moi ! tu dois aimer ton père et ta mère?

L'enfant se jeta sur son père pour l'embrasser ; mais Michu fit un mouvement pour déplacer la carabine et le repoussa.

—Bien! Tu as quelquefois jasé sur ce qui se fait ici, dit-il en fixant sur lui ses deux yeux redoutables, yeux de chat sauvage. Retiens bien ceci: Révéler la plus indifférente des choses qui se font ici, à Gaucher, aux gens de Grouage ou de Bellache, et même à Marianne, qui nous aime, ce serait tuer ton père. Que cela ne t'arrive plus, et je te pardonne tes indiscrétions d'hier.

L'enfant se mit à pleurer.

— Désormais, à quelque question qu'on te fasse, réponds comme les paysans : Je ne sais pas ! Il y a des gens qui rôdent dans le pays, et qui ne me reviennent pas. Va ! Vous avez entendu, vous deux ? dit Michu aux femmes ; ayez aussi la gueule morte.

— Mon ami, que vas-tu faire ?

Michu, qui mesurait avec attention une charge de poudre et la versait dans le canon de sa carabine, posa l'arme contre le parapet et dit à Marthe :

— Personne ne me connaît cette carabine, mets-toi devant !

Couraut, dressé sur ses quatre pattes, aboyait avec fureur.

— Belle et intelligente bête! s'écria Michu, je suis sûr que ce sont des espions...

On se sait espionné.

Couraut et Michu semblaient avoir une même âme; ils vivaient ensemble comme l'Arabe et son cheval vivent dans le désert. Le régisseur connaissait toutes les modulations de la voix de Couraut et les idées qu'elles exprimaient, de même que le chien lisait la pensée de son maître dans ses yeux; il la sentait exhalée dans l'air de son corps.

— Qu'en dis-tu? s'écria tout bas Michu en

montrant à sa femme deux sinistres personnages qui apparurent dans une contre-allée en se dirigeant vers le rond-point.

—Que se passe-t-il dans le pays? C'est des Parisiens! dit la vieille.

—Ah! voilà! s'écria Michu. Cache donc ma carabine! dit-il à l'oreille de sa femme, ils viennent à nous.

II.

UN CRIME EN PROJET.

II.

Les deux Parisiens qui traversèrent le rond-point offraient des figures qui, certes, eussent été typiques pour un peintre.

L'un, celui qui paraissait être le subalterne,

avait des bottes à revers, tombant un peu bas, qui laissaient voir de mièvres mollets et des bas de soie chinés d'une propreté douteuse. La culotte, en drap côtelé couleur abricot et à boutons de métal, était un peu trop large. Le corps s'y trouvait à l'aise, et les plis usés indiquaient par leur disposition un homme de cabinet. Le gilet, en piqué, surchargé de broderies saillantes, ouvert, boutonné par un seul bouton sur le haut du ventre, donnait à ce personnage un air d'autant plus débraillé que ses cheveux noirs, frisés en tire-bouchons, lui cachaient le front, et descendaient le long des joues. Deux chaînes de montre en acier pendaient sur la culotte. La chemise était ornée d'une épingle à camée blanc et bleu. L'habit, couleur cannelle, se recommandait au caricaturiste par une longue queue qui, vue par derrière, avait une si parfaite ressemblance avec une morue que le nom lui en fut appliqué. La mode des habits en queue de morue a duré dix ans, presque autant que l'empire de Napoléon. La cravate, lâche et à grands plis nombreux, permettait à cet individu de s'y enterrer le visage jusqu'au nez.

Sa figure bourgeonnée, son gros nez long couleur de brique, ses pommettes animées, sa bouche démeublée, mais menaçante et gourmande, ses oreilles ornées de grosses boucles en or, son front bas, tous ces détails qui semblent grotesques étaient rendus terribles par deux petits yeux placés et percés comme ceux des cochons et d'une implacable avidité, d'une cruauté goguenarde et quasi-joyeuse. Ces deux yeux fureteurs et perspicaces, d'un bleu glacial et glacé, pouvaient être pris pour le modèle de ce fameux œil, le redoutable emblème de la police. Il avait des gants de soie noire et une badine à la main.

Ce devait être un personnage officiel, car il avait, dans son maintien, dans sa manière de prendre son tabac et de le fourrer dans le nez, l'importance bureaucratique d'un homme secondaire, mais qui émarge ostensiblement, et que des ordres partis de haut rendent momentanément souverain.

L'autre, dont le costume était dans le même goût, mais élégant et très-élégamment porté, soigné dans les moindres détails, qui faisait, en marchant, crier des bottes à la Suwaroff, mises par dessus un pantalon collant, avait sur son habit un spencer, mode aristocratique adoptée par les Clichiens, par la jeunesse dorée, et qui survivait aux Clichiens et à la jeunesse dorée ; car, dans ce temps, il y eut des modes qui durèrent plus long-temps que des partis, symptôme d'anarchie que 1830 nous a présenté déjà.

Ce parfait *muscadin* paraissait âgé de trente-deux ans.

Ses manières sentaient la bonne compagnie, il portait des bijoux de prix. Le col de sa chemise venait à la hauteur de ses oreilles. Son air fat et presque impertinent accusait une sorte de supériorité cachée. Sa figure blafarde semblait ne pas avoir une goutte de sang, son nez camus et fin avait la tournure sardonique du nez d'une tête de mort, et ses yeux verts étaient impénétrables; leur regard était aussi discret que devait l'être sa bouche mince et serrée.

Le premier semblait être un bon enfant comparé à ce jeune homme sec et maigre qui fouettait l'air avec un jonc dont la pomme d'or brillait au soleil. Le premier pouvait couper lui-même une tête, mais le second était capable d'entortiller, dans les filets de la calomnie et de l'intrigue, l'innocence, la beauté, la vertu, de les noyer, ou de les empoisonner froidement. L'homme rubicond aurait consolé sa victime par des lazzis, l'autre n'aurait pas même souri. Le premier avait quarante-cinq ans, il devait aimer la bonne chère et les femmes. Ces sortes d'hommes ont tous des passions qui les rendent esclaves de leur métier. Mais le jeune homme était sans passions et sans vices. S'il était espion, il appartenait à la diplomatie, et travaillait pour l'art pur. Il concevait, l'autre exécutait ; il était l'idée, l'autre était la forme.

— Nous devons être à Gondreville, ma bonne femme, dit le jeune homme.

— On ne dit pas ici *ma bonne femme*, répondit Michu. Nous avons encore la simplicité de nous appeler *citoyenne* et *citoyen*, nous autres !

— Ah ! fit le jeune homme de l'air le plus naturel et sans paraître choqué.

Les joueurs ont souvent, dans le monde, au jeu de l'écarté surtout, éprouvé comme une déroute intérieure en voyant s'attabler devant eux, au milieu de leur veine, un joueur, dont les manières, le regard, la voix, la façon de mêler les cartes, leur prédisent une défaite.

A l'aspect du jeune homme, Michu sentit une prostration prophétique de ce genre : il fut atteint par un pressentiment mortel, il entrevit confusément l'échafaud. Une voix lui cria que ce muscadin lui serait fatal, quoiqu'ils n'eussent encore rien de commun. Aussi sa parole avait-elle été rude : il voulait être et fut grossier.

— N'appartenez-vous pas au conseiller d'État Malin ? demanda le second Parisien.

— Je suis mon maître, répondit Michu.

— Enfin, Mesdames, dit le jeune homme en prenant les façons les plus polies, sommes-nous à Gondreville ? nous y sommes attendus par monsieur Malin.

— Voici le parc, dit Michu en montrant la grille ouverte.

— Et pourquoi cachez-vous cette carabine, ma belle enfant, dit le jovial compagnon du jeune homme qui, en passant par la grille, aperçut le canon.

— Tu travailles toujours, même à la campagne, s'écria le jeune homme en souriant.

Tous deux revinrent, saisis par une pensée de défiance que le régisseur comprit, malgré l'impassibilité de leurs visages.

Marthe les laissa regarder la carabine, au milieu des abois de Couraut : elle avait la conviction que Michu méditait quelque mauvais coup et fut presque heureuse de la perspicacité des inconnus.

Michu jeta sur sa femme un regard qui la fit frémir. Il prit alors la carabine et se mit en devoir d'y chasser une balle, en acceptant les fatales chances de cette découverte et de cette rencontre. Il parut ne plus tenir à la vie, et sa femme comprit bien alors sa funeste résolution.

— Vous avec donc des loups? dit le jeune homme à Michu.

— Il y a toujours des loups où il y a des moutons : vous êtes en Champagne et voilà une forêt; mais nous avons aussi du sanglier, nous avons de grosses et de petites bêtes, nous avons un peu de tout, dit Michu d'un air goguenard.

Les deux étrangers échangèrent un regard.

— Je parie, Corentin, dit le plus âgé, que cet homme est mon Michu...

— Nous n'avons pas gardé les cochons ensemble, dit le régisseur.

—Non, mais nous avons présidé les Jacobins, citoyen, répliqua l'inconnu, vous à Arcis, et moi ailleurs. Tu as conservé la politesse de la Carmagnole ; mais elle n'est plus à la mode.

— Le parc me paraît bien grand, nous pourrions nous y perdre ; si vous êtes le régisseur, faites-nous conduire au château, dit le jeune homme d'un ton péremptoire.

Michu siffla son fils et continua de chasser sa balle.

Le jeune homme contemplait Marthe d'un œil indifférent, tandis que son compagnon semblait charmé; mais Corentin remarquait en elle les traces d'une angoisse qui échappait au vieux libertin, que la carabine avait effarouché. Ces deux natures se peignaient tout entières dans cette petite chose si grande.

— J'ai rendez-vous au delà de la forêt, disait le régisseur; je ne puis pas vous rendre ce service moi-même; mais mon fils vous mènera jusqu'au château. Par où venez-vous donc à Gondreville? Auriez-vous pris par Cinq-Cygne?

— Nous avions, comme vous, des affaires dans la forêt, dit le jeune homme sans aucune ironie apparente.

— François, s'écria Michu, conduis ces Messieurs au château par les sentiers, afin qu'on ne les voie pas, ils ne prennent point les routes battues! Viens ici d'abord! dit-il en voyant les deux étrangers qui leur avaient tourné le dos et marchaient en se parlant à voix basse.

Michu saisit son enfant, l'embrassa presque saintement et avec une expression qui confirma les appréhensions de sa femme.

Elle eut froid dans le dos, et regarda sa mère d'un œil sec : elle ne pouvait pas pleurer.

— Va, dit-il.

Et il le regarda jusqu'à ce qu'il l'eût entièrement perdu de vue.

Couraut aboya du côté de la ferme de Grouage.

—Oh! c'est Violette, s'écria Michu. Voilà la troisième fois qu'il passe depuis ce matin! Qu'y a-t-il donc dans l'air! Assez, Couraut!

Quelques instants après, on entendit le petit trot d'un cheval.

Violette, monté sur un de ces bidets dont se servent les fermiers aux environs de Paris, montra, sous un chapeau de forme ronde et à grands bords, sa figure couleur de bois et fortement plissée, laquelle paraissait encore plus sombre. Ses yeux gris, malicieux et brillants, dissimulaient la traîtrise de son caractère. Ses jambes sèches, habillées de guêtres en toile blanche montant jusqu'au genou, pendaient sans être appuyées sur des étriers, et semblaient maintenues par le poids de ses gros souliers ferrés. Il portait par dessus sa veste de drap bleu une limousine à raies blanches et noires. Ses cheveux gris retombaient en boucles derrière sa tête.

Ce costume, le cheval gris à petites jambes basses, la façon dont Violette s'y tenait, le ventre en avant, le haut du corps en arrière, la grosse main crevassée et couleur de terre qui soutenait une méchante bride rongée et déchiquetée, tout peignait en lui un paysan avare, ambitieux, qui veut posséder de la terre et qui l'achète à tout prix. Sa bouche aux lèvres bleuâtres, fendue comme si quelque chirurgien l'eût ouverte avec un bistouri, les innombrables rides de son visage et de son front empêchaient le jeu de la physionomie dont les contours seulement parlaient : ils étaient durs, arrêtés, et paraissaient exprimer la menace, malgré l'air humble et soumis que se donnent presque tous les gens de la campagne et sous lequel ils cachent leurs émotions et leurs calculs, comme les Orientaux et les sauvages enveloppent les leurs sous une imperturbable gravité.

De simple paysan faisant des journées, devenu fermier de Grouage par un système de méchanceté constante, il le continuait encore après avoir conquis une position qui surpassait ses premiers désirs. Il voulait le mal du prochain et le lui souhaitait ardemment. Quand il y pouvait contribuer, il y aidait avec amour.

Violette était franchement envieux; mais, dans toutes ses malices, il restait dans les limites de sa légalité, ni plus ni moins qu'une Opposition parlementaire. Il croyait que sa fortune dépendait de la ruine des autres, et tout ce qui se trouvait au dessus de lui était pour lui un ennemi envers lequel tous les moyens devaient être bons. Ce caractère est très-commun chez les paysans. Sa grande affaire du moment était d'obtenir de Malin une prorogation du bail de sa ferme qui n'avait plus que six ans à courir. Jaloux de la fortune du régisseur, il le surveillait de près. Les gens du pays lui faisaient la guerre sur ses liaisons avec les Michu ; mais, dans l'espoir de faire continuer son bail pendant douze autres années, le rusé fermier épiait une occasion de rendre service ou au gouvernement ou à Malin qui se défiaient de Michu.

Violette, aidé par le garde particulier de Gondreville, par le garde-champêtre et par quelques faiseurs de fagots, tenait le commissaire de police d'Arcis au courant des moindres actions de Michu. Ce fonctionnaire avait tenté, mais inutilement, de mettre Marianne, la servante de Michu, dans les intérêts du gouvernement; mais Violette et ses affidés savaient tout par Gaucher, le petit domestique sur la fidélité duquel Michu comptait, et qui le trahissait pour des vétilles, pour des gilets, des boucles, des bas de coton, des friandises. Ce garçon ne soupçonnait pas d'ailleurs l'importance de ses bavardages.

Violette noircissait toutes les actions de Michu, il les rendait criminelles par les plus absurdes suppositions à l'insu du régisseur, qui savait néanmoins le rôle ignoble joué chez lui par le fermier, et qui se plaisait à le mystifier.

— Vous avez donc bien des affaires à Bellache, que vous voilà encore? dit Michu.

— Encore! c'est un mot de reproches, monsieur Michu. Vous ne comptez pas siffler les moineaux avec une pareille clarinette! Je ne vous connaissais point cette carabine-là...

— Elle a poussé dans un de mes champs où il vient des carabines, répondit Michu. Tenez, voilà comment je les sème.

Le régisseur mit en joue une vipérine à trente pas de lui et la coupa net.

— Est-ce pour garder votre maître que vous avez cette arme de bandit? Il vous en aura fait cadeau.

— Il est venu de Paris exprès pour me l'apporter, répondit Michu.

— Le fait est qu'on jase bien, dans tout le pays, de son voyage. Les uns le disent en disgrâce, et qu'il se retire des affaires ; les autres qu'il veut voir clair ici. Au fait, pourquoi qu'il arrive sans dire gare, absolument comme le Premier Consul ! Saviez-vous qu'il venait ?

— Je ne suis pas assez bien avec lui pour être dans sa confidence.

— Vous ne l'avez donc pas encore vu ?

— Je n'ai su son arrivée qu'à mon retour de ma ronde dans la forêt, répliqua Michu qui rechargeait sa carabine.

— Il a envoyé chercher monsieur Grévin à Arcis, ils vont *tribuner* quelque chose ?

Malin avait été tribun.

— Si vous allez du côté de Cinq-Cygne, dit le régisseur à Violette, prenez-moi, j'y vais.

Violette était trop peureux pour garder en croupe un homme de la force de Michu, il piqua des deux.

Le Judas mit sa carabine sur l'épaule et s'élança dans l'avenue.

— A qui donc en veut-il? dit Marthe à sa mère.

— Depuis qu'il a su l'arrivée de monsieur Malin, il est devenu bien sombre, répondit-elle. Mais il fait humide, rentrons.

Quand les deux femmes furent assises sous le manteau de la cheminée, elles entendirent Couraut.

— Voilà mon mari! s'écria Marthe.

En effet, Michu montait l'escalier; sa femme, inquiète, le rejoignit dans leur chambre.

— Vois s'il n'y a personne, dit-il à Marthe d'une voix émue.

— Personne, répondit-elle, Marianne est aux champs avec la vache, et Gaucher...

— Où est Gaucher? reprit-il.

— Je ne sais pas.

— Je me défie de ce petit drôle; monte au grenier, fouille le grenier, et cherche-le dans les moindres coins de ce pavillon.

Marthe sortit et alla; quand elle revint, elle trouva Michu, les genoux en terre, et priant.

— Qu'as-tu donc? dit-elle effrayée.

Le régisseur prit sa femme par la taille, l'attira sur lui, la baisa au front et lui répondit d'une voix émue :

— Si nous ne nous revoyons plus, sache, ma pauvre femme, que je t'aimais bien. Suis de point en point les instructions qui sont écrites dans une lettre enterrée au pied du mélèze de ce massif, dit-il après une pause en lui désignant un arbre, elle est dans un rouleau de ferblanc. N'y touche qu'après ma mort. Enfin, quoi qu'il m'arrive, pense, malgré l'injustice des hommes, que mon bras a servi la justice de Dieu.

Marthe, qui pâlit par degrés, devint blanche comme son linge, elle regarda son mari d'un œil fixe et agrandi par l'effroi, elle voulut parler, elle se trouva le gosier sec. Michu s'évada comme une ombre, il avait attaché au pied de son lit Couraut, qui se mit à hurler comme hurlent les chiens au désespoir.

III.

---•••---

LES MALICES DE MALIN.

III.

La colère de Michu contre monsieur Marion avait de sérieux motifs, mais elle s'était reportée sur un homme beaucoup plus criminel à ses yeux, sur Malin dont les secrets s'étaient dévoilés aux yeux du régisseur, plus en position que personne d'apprécier la conduite du conseiller d'État. Le beau-père de Michu avait eu, politiquement parlant, la confiance de Malin, nommé représentant de l'Aube à la Convention par les soins de Gréivn.

Peut-être n'est-il pas inutile de raconter les circonstances qui mirent les Simeuse et les Cinq-Cygne en présence avec Malin, et qui pesèrent sur la destinée des deux jumeaux et de mademoiselle de Cinq-Cygne, mais plus encore sur celle de Marthe et de Michu.

A Troyes, l'hôtel de Cinq-Cygne faisait face à celui de Simeuse. Quand la populace, déchaînée par des mains aussi savantes que prudentes, eut pillé l'hôtel de Simeuse, découvert le marquis et la marquise accusés de correspondre avec les ennemis, et les eut livrés à des gardes nationaux qui les menèrent en prison, la foule conséquente cria :

— Aux Cinq-Cygne !

Elle ne concevait pas que les Cinq-Cygne fussent innocents du crime des Simeuse.

Le digne et courageux marquis de Simeuse, pour sauver ses deux fils, âgés de dix-huit ans, que leur courage pouvait compromettre, les avait confiés, quelques instants avant l'orage, à leur tante, la comtesse de Cinq-Cygne. Deux domestiques attachés à la maison de Simeuse tenaient les jeunes gens renfermés. Le vieillard, qui ne voulait pas voir finir son nom, avait recommandé de tout cacher à ses fils, en cas de malheurs extrêmes.

Laurence, alors âgée de douze ans, était également aimée par les deux frères, et les aimait également aussi.

Comme beaucoup de jumeaux, les deux Simeuse se ressemblaient tant, que pendant long-temps leur mère leur donna des vêtements de couleurs différentes pour ne pas se tromper. Le premier venu, l'aîné, s'appelait Paul-Marie, l'autre Marie-Paul. Laurence de Cinq-Cygne, à qui l'on avait confié le secret de la situation, joua très bien son rôle de femme : elle supplia ses cousins, les amadoua, les garda jusqu'au moment où la populace entoura l'hôtel de Cinq-Cygne.

Les deux frères comprirent alors le danger

au même moment, et se le dirent par un même regard. Leur résolution fut aussitôt prise : ils armèrent leurs deux domestiques, ceux de la comtesse de Cinq-Cygne, barricadèrent la porte, se mirent aux fenêtres, après en avoir fermé les persiennes, avec cinq domestiques et l'abbé d'Hauteserre, un parent des Cinq-Cygne. Les huit courageux champions firent un feu terrible sur cette masse. Chaque coup tuait ou blessait un assaillant. Laurence, au lieu de se désoler, chargeait les fusils avec un sang-froid extraordinaire, passait des balles et de la poudre à ceux qui en manquaient. La comtesse de Cinq-Cygne était tombée sur ses genoux.

— Que faites-vous, ma mère ? lui dit Laurence.

—Je prie, répondit-elle, et pour eux et pour vous! Mot sublime, que dit aussi la mère du prince de la Paix en Espagne, dans une circonstance semblable.

En un instant, onze personnes furent tuées et mêlées à terre aux blessés. Ces sortes d'évènements refroidissent ou exaltent la populace; elle s'irrite à son œuvre ou la discontinue. Les plus avancés, épouvantés, reculèrent; mais la masse entière, qui venait tuer, voler, assassiner, en voyant les morts, se mit à crier :

— A l'assassinat! au meurtre! Les gens prudents allèrent chercher le représentant du peuple.

Les deux frères, instruits alors des funestes évènements de la journée, soupçonnèrent le conventionnel de vouloir la ruine de leur maison, et leur soupçon fut bientôt une conviction. Animés par la vengeance, ils se postèrent sous la porte cochère et armèrent leurs fusils pour le tuer au moment où il se présenterait. La comtesse avait perdu la tête : elle voyait sa maison en cendres et sa fille assassinée ; elle blâmait ses parents de l'héroïque défense qui occupa la France pendant huit jours. Laurence entr'ouvrit la porte à la sommation faite par Malin. En la voyant, le représentant se fia sur son caractère redouté, sur la faiblesse de cette enfant, et il entra.

— Comment, Monsieur, répondit-elle au

premier mot qu'il dit en demandant la raison de cette résistance, vous voulez donner la liberté à la France, et vous ne protégez pas les gens chez eux ! On veut démolir notre hôtel, nous assassiner, et nous n'aurions pas le droit de repousser la force par la force ?

Malin resta cloué sur ses pieds.

— Vous, le petit-fils d'un maçon employé par le Grand Marquis aux constructions de son château, lui dit Marie-Paul, vous venez de laisser traîner notre père en prison, en accueillant une calomnie !

— Il sera mis en liberté, dit Malin qui se crut perdu en voyant chaque jeune homme remuer convulsivement son fusil.

— Vous devez la vie à cette promesse, dit solennellement Marie-Paul. Mais si elle n'est pas exécutée ce soir, nous saurons vous retrouver!

— Quant à cette population qui hurle, dit Laurence, si vous ne la renvoyez pas, le premier coup sera pour vous. Maintenant, monsieur Malin, sortez!

Le conventionnel sortit et harangua la multitude, en parlant des droits sacrés du foyer, de l'*habeas corpus* et du domicile anglais. Il dit que la loi et le peuple étaient souverains, que la loi était le peuple, que le peuple ne devait agir que par la loi, et que force resterait à la loi.

La loi de la nécessité le rendit éloquent, il dissipa le rassemblement. Mais il n'oublia jamais, ni l'expression du mépris des deux frères, ni le : Sortez! de mademoiselle de Cinq-Cygne. Aussi, quand il fut question de vendre nationalement les biens du comte de Cinq-Cygne, frère de Laurence, le partage fut-il strictement fait. Les agents du district ne laissèrent à Laurence que le château, le parc, les jardins et la ferme dite de Cinq-Cygne. D'après les instructions de Malin, Laurence n'avait droit qu'à sa légitime, la nation étant aux lieu et place de l'émigré qui portait les armes contre la République.

Le soir de cette furieuse tempête, Laurence supplia tellement ses deux cousins de partir, en craignant pour eux quelque trahison et les embûches du représentant, qu'ils montèrent à cheval et gagnèrent les avant-postes de l'armée prussienne.

Au moment où les deux frères atteignirent la forêt de Gondreville, l'hôtel de Cinq-Cygne fut cerné : le représentant venait, lui-même et en force, arrêter les héritiers de la maison de Simeuse. Il n'osa pas s'emparer de la comtesse de Cinq-Cygne alors au lit et en proie à une horrible fièvre nerveuse, ni de Laurence, une enfant de douze ans. Les domestiques, craignant la sévérité de la République, avaient disparu.

Le lendemain matin, la nouvelle de la résistance des deux frères et de leur fuite en Prusse, disait-on, se répandit dans les environs; il se fit un rassemblement de trois mille personnes devant l'hôtel de Cinq-Cygne, qui fut démoli avec une inexplicable rapidité. Madame de Cinq-Cygne, transportée à l'hôtel Simeuse, y mourut dans un redoublement de fièvre.

Michu n'avait paru sur la scène politique qu'après ces évènements, car le marquis et la marquise restèrent environ cinq mois en prison. Pendant ce temps, le représentant de l'Aube eut une mission. Mais quand monsieur Marion vendit Gondreville à Malin, quand tout le pays eut oublié les effets de l'effervescence populaire, Michu comprit alors Malin tout entier; Michu crut le comprendre, du moins; car Malin est, comme Fouché, l'un de ces personnages qui ont tant de faces et tant de profondeur sous chaque face, qu'ils sont impénétrables au moment où ils jouent et ne peuvent être expliqués que long-temps après la partie.

Dans les circonstances majeures de sa vie, Malin ne manquait jamais de consulter son fidèle ami Grévin, le notaire d'Arcis, dont le jugement sur les choses et sur les hommes était, à distance, net, clair et précis. Cette habitude est la sagesse, et fait la force des hommes secondaires.

Or, en novembre 1803, les conjonctures furent si graves pour le conseiller d'État, qu'une lettre eût compromis les deux amis. Malin, qui devait être nommé sénateur, craignit de s'expliquer dans Paris; il quitta son hôtel et vint à Gondreville, en donnant au Premier

Consul une des raisons qui lui faisaient désirer d'y être, et qui lui donnaient un air de zèle aux yeux de Bonaparte, tandis qu'au lieu de l'État, il ne s'agissait que de lui-même.

Pendant que Michu guettait et suivait dans le parc, à la manière des sauvages, un moment propice à sa vengeance, le politique, habitué à pressurer les évènements pour son compte, emmenait son ami vers une petite prairie du jardin anglais, endroit désert et favorable à une conférence mystérieuse. Ainsi, en s'y tenant au milieu, et parlant à voix basse, les deux amis étaient à une trop grande distance pour être entendus, si quelqu'un se cachait pour les écouter, et pouvaient se taire s'il venait des indiscrets.

— Pourquoi n'être pas restés dans une chambre au château, dit Grévin.

— N'as-tu pas vu les deux hommes que m'envoie le Préfet de police ?

Quoique Fouché ait été, dans l'affaire de la conspiration de Pichegru, Georges, Moreau et Polignac, l'âme du cabinet consulaire, il ne dirigeait pas le ministère de la police et se trouvait alors simplement conseiller d'État, comme Malin.

— Ces deux hommes sont les deux bras de Fouché. L'un, ce jeune muscadin dont la figure ressemble à une carafe de limonade, qui a du vinaigre sur les lèvres et du verjus dans les yeux, a mis fin à l'insurrection de l'Ouest en 99, dans l'espace de huit jours. L'autre est un enfant de Lenoir, il est le seul qui ait les grandes traditions de la police. J'avais demandé un agent sans conséquence, appuyé d'un personnage officiel, et l'on m'envoie ces deux gars-là !...

Ah ! Grévin, Fouché veut sans doute lire dans mon jeu. Voilà pourquoi je les ai laissés dînant au château. Qu'ils y examinent tout, ils n'y trouveront ni Louis XVIII, ni le moindre indice.

— Ah ça ! mais, dit Grévin, quel jeu joues-tu donc ?

— Eh ! mon ami, un jeu double et bien dangereux ; mais par rapport à Fouché, il est triple, et il a peut-être flairé que je suis dans les secrets de la maison de Bourbon.

— Toi !

— Moi, reprit Malin.

— Tu ne te souviens donc pas de Favras ?

Ce mot fit impression sur le conseiller.

— Et depuis quand ? demanda Grévin après une pause.

— Depuis le consulat à vie.

— Mais, pas de preuves !

— Pas ça ! dit Malin en faisant claquer l'ongle de son pouce sous une de ses palettes.

En peu de mots, Malin dessina nettement la position critique où Bonaparte mettai l'Angleterre menacée de mort par le camp de Boulogne, en expliquant à Grévin la portée inconnue à la France et à l'Europe, mais que Pitt soupçonnait, du projet de descente ; puis la position critique où l'Angleterre allait mettre Bonaparte. Une coalition imposante, la Prusse, l'Autriche et la Russie, soldées par l'or anglais, devait armer sept cent mille hommes. En même temps une conspiration formidable étendait à l'intérieur son réseau et réunissait les Montagnards, les Chouans, les Royalistes et les Princes.

—Tant que Louis XVIII a vu trois consuls, il a cru que l'anarchie continuait et qu'à la faveur d'un mouvement quelconque il prendrait sa revanche du 13 vendémiaire et du 18 fructidor, dit Malin ; mais le consulat à vie a démasqué les desseins de Bonaparte, il sera bientôt empereur. Cet ancien sous-lieutenant veut créer une dynastie! Or, cette fois, on en veut à sa vie, et le coup est monté plus habilement encore que celui de la rue St-Nicaise. Pichegru, Georges, Moreau, le duc d'Enghien, Polignac et Rivière les deux amis du comte d'Artois, en sont.

— Quel amalgame! s'écria Grévin.

— La France est envahie sourdement, on veut donner un assaut général, on y emploie le vert et le sec! Cent hommes d'exécution, commandés par Georges, doivent attaquer la garde consulaire et le Consul corps à corps.

—Eh bien! dénonce-les!

— Voilà deux mois que le Consul, son ministre de la police, le Préfet et Fouché tiennent une partie des fils de cette trame immense; mais ils n'en connaissent pas toute l'étendue, et, dans le moment actuel, ils laissent libres presque tous les conjurés pour savoir tout.

— Quant au droit, dit le notaire, les Bourbons ont bien plus le droit de concevoir conduire, exécuter une entreprise contre Bonaparte, que Bonaparte n'en avait de conspirer au 18 brumaire contre la République, de laquelle il était l'enfant. Il assassinait sa mère, et ceux-ci veulent rentrer dans leur maison.

Je conçois qu'en lui voyant fermer la liste

des émigrés, multiplier les radiations, rétablir le culte catholique, et accumuler ses arrêtés contre-révolutionnaires, les princes aient compris que leur retour se faisait difficile, pour ne pas dire impossible. Bonaparte devient le seul obstacle à leur rentrée, et ils veulent enlever l'obstacle, rien de plus simple. Les conspirateurs vaincus seront des brigands; victorieux, ils seront des héros : ta perplexité me semble assez naturelle.

— Il s'agit, dit Malin, de faire jeter aux Bourbons, par Bonaparte, la tête du duc d'Enghien, comme la Convention a jeté aux rois la tête de Louis XVI, pour qu'il ait trempé aussi bien que nous dans la révolution; ou de renverser l'idole actuelle du peuple français et son futur empereur, pour asseoir le vrai trône sur ses débris. Je suis à la merci d'un évènement, d'un heureux coup de pistolet, d'une machine de la rue St-Nicaise qui réussirait. On ne m'a pas tout dit. On m'a proposé de rallier le conseil d'État au moment critique, de diriger l'action légale de la restauration des Bourbons.

— Attends, répondit le notaire.

— Impossible ! Je n'ai plus que le moment actuel pour prendre une décision.

— Et pourquoi?

— Les deux Simeuse conspirent, ils sont dans le pays. Je dois, ou les faire suivre, les laisser se compromettre et m'en faire débarrasser, ou les protéger sourdement. J'avais de mandé des subalternes, et l'on m'envoie des lynx de choix qui ont passé par Troyes pour avoir à eux la gendarmerie.

—Gondreville est le *Tiens* et la Conspiration le *Tu auras*, dit Grévin. Ni Fouché, ni Talleyrand, tes deux partners, n'en sont : joue franc jeu avec eux. Comment! tous ceux qui ont coupé le cou à Louis XVI sont dans le gouvernement, la France est pleine d'acquéreurs de biens nationaux, et tu voudrais ramener ceux qui te redemanderont Gondreville? S'ils ne sont pas imbéciles, les Bourbons devront passer l'éponge sur tout ce que nous avons fait. Avertis Bonaparte.

—Un homme de mon rang ne dénonce pas, dit Malin vivement.

— De ton rang? s'écria Grévin en souriant.

— On m'offre les sceaux.

— Je comprends ton éblouissement, et c'est à moi d'y voir clair dans ces ténèbres politiques, d'y flairer la porte de sortie. Or, il est impossible de prévoir les évènements qui peuvent ramener les Bourbons, quand un général Bonaparte a quatre-vingts vaisseaux et quatre cent mille hommes. Ce qu'il y a de plus difficile, dans la politique expectante, c'est de savoir quand un pouvoir qui penche tombera; mais, mon vieux, celui de Bonaparte est dans sa période ascendante. Ne serait-ce pas Fouché qui t'a fait sonder pour connaître le fond. de ta pensée et se débarrasser de toi?

— Non, je suis sûr de l'ambassadeur. D'ailleurs Fouché ne m'enverrait pas deux singes que je connais trop pour ne pas concevoir des soupçons.

— Ils me font peur, dit Grévin. Si Fouché ne se défie pas de toi, ne veut pas t'éprouver, pourquoi te les a-t-il envoyés! Fouché ne joue pas un tour pareil sans une raison quelconque.

— Ceci me décide! s'écria Malin, je ne serai jamais tranquille avec ces deux Simeuse. Peut-être Fouché, qui connaît ma position, ne veut-il pas les manquer, et arriver par eux jusqu'aux Condé.

— Hé ! mon vieux, ce n'est pas sous Bonaparte qu'on inquiétera le possesseur de Gondreville.

En levant les yeux, Malin aperçut dans le feuillage d'un gros tilleul touffu le canon d'un fusil.

— Je ne m'étais pas trompé, j'avais entendu le bruit sec d'un fusil qu'on arme, dit-il à Grévin après s'être mis derrière un gros tronc d'arbre où le suivit le notaire inquiet du brusque mouvement de son ami.

— C'est Michu, dit Grévin, je vois sa barbe rousse.

— N'ayons pas l'air d'avoir peur, reprit Malin qui s'en alla lentement en disant à plusieurs reprises : Que veut cet homme aux acquéreurs de cette terre ? Ce n'est certes pas toi qu'il visait. S'il nous a entendus, je dois le recommander au prône ! Nous aurions mieux fait d'aller en plaine. Qui diable eût pensé à se défier des airs !

— On apprend toujours ! dit le notaire ; mais il était bien loin et nous causions de bouche à oreille.

— Je vais en dire deux mots à Corentin, répondit Malin.

Corentin était le nom de baptême du plus jeune des deux agents.

IV

LE MASQUE JETÉ.

IV.

IV.

Quelques instants après, Michu rentra chez lui pâle et le visage contracté.

— Qu'as-tu? lui dit sa femme épouvantée.

— Rien, répondit-il en voyant Violette, dont la présence fut pour lui un coup de foudre.

Michu prit une chaise, se mit devant le feu tranquillement, et y jeta une lettre en la tirant de l'un de ces tubes en ferblanc que l'on donne aux soldats pour serrer leurs papiers. Cette action, qui permit à Marthe de respirer comme une personne déchargée d'un poids énorme, intrigua beaucoup Violette.

Le régisseur posa sa carabine sur le manteau de la cheminée avec un admirable sang-froid. Marianne et la mère de Marthe filaient à la lueur d'une lampe.

—Allons, François, dit le père, couchons-nous. Veux-tu te coucher?

Il prit brutalement son fils par le milieu

du corps et l'emporta. — Descends à la cave, lui dit-il à l'oreille quand il fut dans l'escalier, remplis deux bouteilles de vin de Mâcon, dont tu videras le tiers, avec de cette eau-de-vie de Cognac qui est sur la planche à bouteilles; puis, mêle dans une bouteille de vin blanc moitié d'eau-de-vie. Fais cela bien adroitement, et mets les trois bouteilles sur le tonneau vide qui est à l'entrée de la cave. Quand j'ouvrirai la fenêtre, sors de la cave, selle mon cheval, monte dessus, et vas m'attendre au Poteau-des-Gueux.

— Le petit drôle ne veut jamais se coucher, dit le régisseur en rentrant, il veut faire comme les grandes personnes, tout voir, tout entendre, tout savoir. Vous me gâtez mon monde, père Violette.

— Bon Dieu! bon Dieu! s'écria Violette, qui vous a délié la langue? vous n'en avez jamais tant dit.

— Croyez-vous que je me laisse espionner sans m'en apercevoir? Vous n'êtes pas du bon côté, mon père Violette. Si, au lieu de servir ceux qui m'en veulent, vous étiez pour moi, je ferais mieux pour vous que de vous renouveler votre bail...

— Quoi encore? dit le paysan avide en ouvrant de grands yeux.

— Je vous vendrais mon bien à bon marché.

— Il n'y a point de bon marché quand faut payer, dit sentencieusement Violette.

— Je veux quitter le pays, et je vous donnerai ma ferme du Mousseau, les bâtiments, les semailles, les bestiaux, pour cinquante mille francs.

— Vrai !

— Ça vous va ?

— Dame, faut voir.

— Causons de ça..... Mais je veux des arrhes.

— J'ai rien.

— Une parole.

— Encore !

— Dites-moi qui vient de vous envoyer ici.

— Je suis revenu d'où j'allais tantôt, et j'ai voulu vous dire un petit bonsoir.

— Revenu sans ton cheval? Pour quel imbécile me prends-tu? Tu mens, tu n'auras pas ma ferme.

— Eh bien! c'est monsieur Grévin, quoi ! Il m'a dit : Violette, nous avons besoin de Michu; va le quérir. S'il n'y est pas, attends-le… J'ai compris qu'il me fallait rester, ce soir, ici…

— Les escogriffes de Paris étaient-ils encore au château?

— Ah! je ne sais pas; mais il y avait du monde dans le salon.

— Tu auras ma ferme, convenons des faits! Ma femme, va chercher le vin du contrat. Prends du meilleur, du vin de Roussillon de l'ex-marquis... Nous ne sommes pas des enfants. Tu en trouveras deux bouteilles sur le tonneau vide à l'entrée, et une bouteille de blanc.

— Ça va! dit Violette qui ne se grisait jamais. Buvons!

— Vous avez cinquante mille francs

sous les carreaux de votre chambre, dans toute l'étendue du lit, vous me les donnerez quinze jours après le contrat passé chez Grévin.

Violette regarda fixément Michu et devint blême.

— Ah! tu viens moucharder un jacobin fini qui a eu l'honneur de présider le club d'Arcis, et tu crois qu'il ne te pincera pas? J'ai des yeux, j'ai vu tes carreaux fraîchement replâtrés, et j'ai conclu que tu ne les avais pas levés pour semer du blé!.. Buvons.

Violette troublé but un grand verre de vin sans faire attention à la qualité, la terreur lui avait mis comme un fer chaud dans le ventre, l'eau-de-vie y fut brûlée par l'avarice, il aurait donné bien des choses pour être rentré chez lui, pour y changer de place son trésor !

Les trois femmes souriaient.

— Ça vous va-t-il? lui dit Michu en lui remplissant encore son verre.

— Mais oui.

— Tu seras chez toi, vieux coquin !

Après une demi heure de discussions animées sur l'époque de l'entrée en jouissance, sur les mille pointilleries que se font les paysans en concluant un marché, au milieu des assertions, des verres de vin vidés, des paroles pleines de promesses, des dénégations, des : — pas vrai ? — bien vrai ! — ma fine parole ! — comme je le dis ! — que j'aie le cou coupé si... — que ce verre de vin me soit du poison si ce que je dis n'est pas la pure *varté !...* Violette tomba, la tête sur la table, non pas gris, mais ivre-mort.

Dès qu'il lui avait vu les yeux troublés, Michu s'était empressé d'ouvrir la fenêtre.

— Où est ce drôle de Gaucher ? demanda-t-il à sa femme.

— Il est couché.

— Toi, Marianne, dit le régisseur à sa fidèle servante, va te mettre en travers de sa porte, et veille-le. Vous, ma mère, dit-il, restez en bas, gardez-moi cet espion-là, soyez aux aguets, et n'ouvrez qu'à la voix de François. Il s'agit de vie et de mort! ajouta-t-il d'une voix profonde. Pour toutes les créatures qui sont sous mon toit, je ne l'ai pas quitté de cette nuit, et, la tête sur le billot, vous soutiendrez cela. — Allons, dit-il à sa femme, allons, la mère, mets tes souliers, prends ta coiffe, et détalons! Pas de questions, je t'accompagne.

Depuis trois quarts d'heure, cet homme avait dans le geste et dans le regard une autorité despotique, irrésistible, puisée à la source commune et inconnue, où puisent leurs pouvoirs extraordinaires et les grands généraux sur le champ de bataille où ils enflamment les masses, et les grands orateurs qui entraînent les assemblées, et, disons-le aussi, les grands criminels dans leurs coups audacieux ! Il semble alors qu'il s'exhale de la tête et que la parole porte une influence invincible, que le geste injecte le vouloir de l'homme chez autrui.

Les trois femmes se savaient au milieu d'une horrible crise. Sans être averties, elles la pressentaient à la rapidité des actes de cet homme dont le visage étincelait, dont le front était parlant, dont les yeux brillaient alors comme des étoiles. Elles lui avaient vu de la sueur à la racine des cheveux. Plus d'une fois sa parole avait vibré d'impatience et de rage. Aussi sa femme obéit-elle passivement.

Armé jusqu'aux dents, le fusil sur l'épaule, Michu sauta dans l'avenue, suivi de sa femme. Ils atteignirent le carrefour où François s'était caché dans des broussailles.

— Le petit a de la compréhension, dit Michu.

Ce fut sa première parole. Sa femme et lui avaient couru jusque là sans pouvoir prononcer un mot.

— Retourne au pavillon, cache-toi dans

l'arbre le plus touffu, observe la campagne, le parc. Nous sommes tous couchés, nous n'ouvrons à personne. Ta grand'mère veille, et ne remuera qu'en t'entendant parler ! Retiens mes moindres paroies. Il s'agit de la vie de ton père et de celle de ta mère. Que la justice ne sache jamais que nous avons découché.

Après ces phrases dites à l'oreille de son fils, qui fila, comme une anguille dans la vase, à travers les bois, Michu dit à sa femme :

— A cheval ! et prie Dieu d'être pour nous. Tiens-toi bien ! La bête peut en crever.

A peine ces mots furent-ils dits que le cheval, dans le ventre duquel il donna deux coups de pied, et qu'il pressa de ses genoux puissants, partit avec la célérité d'un cheval de course : l'animal sembla comprendre son maître. En un quart d'heure la forêt fut traversée.

Michu, sans avoir dévié de la route la plus courte, se trouva sur un point de la lisière d'où les cîmes du château de Cinq-Cygne apparaissaient éclairées par la lune.

Michu lia son cheval à un arbre et gagna lestement le monticule d'ou l'on dominait la vallée de Cinq-Cygne.

Le château, que Marthe et Michu regardèrent ensemble pendant un moment, fait un effet charmant dans le paysage. Quoiqu'il n'ait aucune importance comme étendue ni comme architecture, il ne manque point d'un certain mérite archéologique.

Ce vieil édifice du quinzième siècle, assis sur une éminence, environné de douves profondes, larges et encore pleines d'eau, est bâti en cailloux et en mortier, mais les murs ont sept pieds de largeur. Sa simplicité rappelle admirablement la vie rude et guerrière, aux temps féodaux. Ce château, vraiment naïf, consiste dans deux grosses tours rougeâtres, séparées par un long corps de logis percé de véritables croisées en pierre dont les croix grossièrement sculptées ressemblent à des sarments de vigne. L'escalier est en dehors, au milieu, et placé dans une tour pentagone à petite porte en ogive. Le rez-de-chaussée, intérieurement modernisé sous Louis XIV, ainsi que le premier étage, est surmonté de toits immenses, percés de croisées à tympans sculptés. Devant le château se trouve une immense pelouse dont les arbres avaient été récemment abattus. De chaque côté du pont d'entrée sont deux bicoques où habitent les jardiniers, et séparées par une grille maigre, sans caractère, évidemment moderne. A droite et à gauche de la pelouse, divisée en deux parties par une chaussée pavée, s'étendent les écuries, les étables, les granges, le bûcher, la boulangerie, les poulaillers, les communs pratiqués sans doute dans les restes de deux ailes semblables au château actuel.

Autrefois, ce castel devait être carré, fortifié aux quatre angles, défendu par un énorme four à porche cintré, au bas duquel était, à la place de la grille, un pont levis. Les deux grosses tours, dont les toits en poivrière n'avaient pas été rasés, et le clocheton de la tour du milieu, donnaient de la physionomie au village. L'église, vieille aussi, montrait à quelques pas son clocher pointu qui s'harmoniait avec les masses de ce castel. La lune faisait resplendir toutes les cîmes et les cônes autour desquels se jouait et pétillait la lumière.

Michu regarda cette habitation seigneuriale de façon à renverser les idées de sa femme : son visage plus calme offrait une expression d'espérance et une sorte d'orgueil. Ses yeux embrassèrent l'horizon avec une certaine défiance, il écouta la campagne, il devait être alors neuf heures, la lune jetait sa lueur sur la marge de la forêt, et le monticule était surtout fortement éclairé. Cette position lui parut dangereuse, il descendit en paraissant craindre d'être vu. Cependant aucun bruit suspect ne troublait la paix de cette belle vallée enceinte de ce côté par la forêt de Nodesme.

Marthe, épuisée, tremblante, s'attendait à un dénoûment quelconque après une pareille course. A quoi devait-elle servir, à une bonne action ou à un crime? En ce moment, Michu s'approcha de son oreille.

— Tu vas aller chez la comtesse de Cinq-Cygne, tu demanderas à lui parler. Quand tu la verras, tu la prieras de venir à l'écart. Si personne ne peut vous écouter, tu lui diras : Mademoiselle, la vie de vos deux cousins est en danger, et celui qui vous expliquera le pourquoi, le comment, vous attend. Si elle a peur, si elle se défie, ajoute : Ils sont de la conspiration contre le Premier Consul, et la conspiration est découverte. Ne te nomme pas, on se défie trop de nous.

Marthe Michu leva la tête vers son mari, et lui dit :

— Tu les sers donc?

— Eh bien! après? dit-il en fronçant les sourcils et croyant à un reproche.

— Tu ne me comprends pas, s'écria Marthe en prenant la large main de Michu aux genoux duquel elle tomba en baisant cette main qui fut tout à coup couverte de larmes.

— Cours, tu pleureras après, dit-il en l'embrassant avec une force brusque.

Quand il n'entendit plus le pas de sa femme, cet homme de fer eut des larmes aux yeux. Il s'était défié de Marthe à cause des opinions du père, il lui avait caché les secrets de sa vie.

La beauté du caractère simple de sa femme lui avait apparu soudain, comme la grandeur du sien venait d'éclater pour elle.

Marthe passait de la profonde humiliation que cause la dégradation d'un homme dont on porte le nom, au ravissement que donne sa gloire. Elle y passait sans transition, n'y avait-il pas de quoi défaillir? En proie aux plus vives inquiétudes, elle avait, comme elle le lui dit plus tard, marché dans le sang depuis le pavillon jusqu'à Cinq-Cygne, et s'était en un moment sentie enlevée au ciel parmi les anges.

Lui qui ne se sentait pas apprécié, qui prenait l'attitude chagrine et mélancolique de sa femme pour un manque d'affection, qui la laissait à elle-même en vivant au dehors, en rejetant toute sa tendresse sur son fils, avait compris en un moment tout ce que signifiaient les larmes de cette femme. Elle maudissait le rôle que sa beauté, que la volonté paternelle l'avaient forcée à jouer. Le bonheur avait brillé de sa plus belle flamme pour eux, au milieu de l'orage, comme un éclair. Et ce devait être un éclair ! Chacun d'eux pensait à dix ans de mésintelligence et s'en accusait tout seul.

Michu resta debout, immobile, le coude sur sa carabine et le menton sur son coude, perdu dans sa profonde rêverie. Un semblable moment fait accepter toutes les douleurs du passé le plus douloureux.

Agitée de mille pensées semblables à celles de son mari, Marthe eut alors le cœur oppressé par le danger des Simeuse, car elle comprit tout, même les figures des deux Parisiens; mais elle ne pouvait s'expliquer la carabine. Elle s'élança comme une biche et atteignit le chemin du château, elle fut surprise d'entendre derrière elle les pas d'un homme, elle jeta un cri, la large main de Michu lui ferma la bouche.

— Du haut de la butte, j'ai vu reluire au loin l'argent des chapeaux bordés! Entre par une brèche de la douve qui est entre la tour de Mademoiselle et les écuries; les chiens n'aboieront pas après toi. Passe dans le jardin, appelle Mademoiselle par la fenêtre, fais seller son cheval, dis-lui de le conduire par la douve, j'y serai, après avoir étudié le plan des Parisiens et cherché les moyens de leur échapper.

Ce danger, qui roulait comme une avalanche, et qu'il fallait prévenir, donna des ailes à Marthe.

V

LAURENCE DE CINQ-CYGNE.

V.

Le nom franc, commun aux Cinq-Cygne et aux Chargebœuf, est Duineff. Cinq-Cygne devint le nom de la branche cadette des Chargebœuf, après la défense d'un castel, faite, en l'absence de leur père, par cinq filles de cette maison, toutes remarquablement blanches, et desquelles personne n'eût attendu pareille conduite. Un des premiers comtes de Champagne voulut, par ce joli nom, perpétuer ce souvenir aussi long-temps que vivrait cette famille. Depuis ce fait d'armes singulier, les filles de cette famille furent fières, mais elles ne furent peut-être pas toujours blanches.

La dernière, Laurence, était, contrairement à la loi salique, héritière du nom, des armes et des fiefs. Le roi de France avait approuvé la charte du comte de Champagne en vertu de laquelle, dans cette famille, le ventre anoblissait et succédait. Laurence était donc comtesse de Cinq-Cygne. Son mari devait prendre et son nom et son blason, où se lisait pour devise la sublime réponse faite par l'aîné des cinq sœurs, à la sommation de rendre le château : *Mourir en chantant!*

Digne de ces belles héroïnes, Laurence possédait une blancheur qui semblait être une gageure du hasard. Les moindres filaments de ses veines bleues se voyaient sous la trame fine et serrée de son épiderme. Sa chevelure, du plus joli blond, seyait merveilleusement à ses yeux du bleu le plus foncé. Tout chez elle appartenait au genre mignon. Dans son corps frêle, malgré sa taille déliée, en dépit de son teint de lait, vivait une âme trempée comme celle d'un homme du plus beau caractère; mais que personne, pas même un observateur, n'aurait devinée à l'aspect d'une physionomie douce et d'une figure busquée dont le profil offrait une vague ressemblance avec une tête de brebis. Cette excessive douceur, quoique noble, paraissait aller jusqu'à la stupidité de l'agneau.

— J'ai l'air d'un mouton qui rêve! disait-elle quelquefois en souriant.

Laurence, qui parlait peu, semblait non pas songeuse, mais engourdie. Surgissait-il une circonstance sérieuse? la Judith cachée se révélait aussitôt et devenait sublime. Les circonstances ne lui avaient malheureusement pas manqué.

A treize ans, Laurence, après les évènements que vous savez, se vit orpheline, devant la place où la veille s'élevait à Troyes une des maisons les plus curieuses de l'architecture du seizième siècle, l'hôtel de Cinq-Cygne. Monsieur d'Hauteserre, un de ses parents, devenu son tuteur, emmena sur-le-champ l'héritière à la campagne. Ce brave gentilhomme de province, effrayé de la mort de l'abbé d'Hauteserre, son frère, atteint d'une balle sur la place, au moment où il se sauvait en paysan, n'était pas en position de pouvoir défendre les intérêts de sa pupille : il avait deux fils à l'armée des princes, et tous les jours, au moindre bruit, il croyait que les municipaux d'Arcis venaient l'arrêter.

Fière d'avoir soutenu un siège et de posséder la blancheur historique de ses ancêtres, Laurence méprisait cette sage lâcheté du vieillard courbé sous le vent de la tempête, elle ne songeait qu'à s'illustrer. Aussi mit-elle audacieusement dans son pauvre salon de Cinq-Cygne, le portrait de Charlotte Corday, couronné de petites branches de chêne tressées. Elle correspondait par un exprès avec les jumeaux au mépris de la loi qui l'eût punie de mort. — Le messager, qui risquait aussi sa vie, emportait les réponses. — Elle ne vécut, depuis les catastrophes de Troyes, que pour le triomphe de la cause royale.

Après avoir sainement jugé monsieur et madame d'Hauteserre, et reconnu chez eux une honnête nature, mais sans énergie, elle les mit en dehors des lois de sa sphère. Laurence avait trop d'esprit et de véritable indulgence pour leur en vouloir de leur caractère : elle fut bonne, aimable, affectueuse avec eux, mais elle ne leur livra pas un seul de ses secrets. Rien ne forme l'âme comme une dissimulation constante au sein de la famille.

A sa majorité, Laurence laissa gérer ses affaires au bonhomme d'Hauteserre, comme par le passé. Que sa jument favorite fût bien pansée, que sa servante Catherine fût mise à son goût et son petit domestique Gothard vêtu convenablement, elle se souciait peu du reste. Elle dirigeait sa pensée vers un but trop élevé pour descendre aux occupations qui, dans d'autres temps, lui eussent sans doute plu. La toilette fut peu de chose pour elle, et d'ailleurs ses cousins n'étaient pas là. Laurence avait une amazone vert-bouteille pour se promener à cheval, une robe en étoffe commune à canezou orné de bandebourgs pour aller à pied, et chez elle une robe de chambre en soie.

Gothard, son petit écuyer, un adroit et courageux garçon de quinze ans, l'escortait, car elle était presque toujours dehors, et chassait sur toutes les terres de Gondreville, sans que les fermiers ni Michu s'y opposassent. Elle montait admirablement bien à cheval, et son adresse à la chasse tenait du miracle. Dans la contrée, on ne l'appelait en tout temps que Mademoiselle, même pendant la Révolution.

Quiconque a lu le beau roman de Rob-Roy doit se souvenir d'un des rares caractères de femme dans la conception duquel Walter Scott soit sorti de ses habitudes de froideur, de Diana Vernon. Ce souvenir peut servir à faire comprendre Laurence, si vous ajoutez aux qualités de la chasseresse écossaise l'exaltation contenue de Charlotte Corday, mais en supprimant l'aimable vivacité qui rend Diana si attrayante. La jeune comtesse avait vu mourir sa mère, tomber l'abbé d'Hauteserre, le marquis et la marquise de Simeuse périr sur l'échafaud; son frère unique était mort de ses blessures, ses deux cousins qui servaient à l'armée de Condé pouvaient être tués à tout moment, enfin la fortune des Simeuse et des Cinq-Cygne venait d'être dévorée par la République, sans profit pour la République. Sa gravité, dégénérée en stupeur apparente, doit se concevoir.

Monsieur d'Hauteserre se montra d'ailleurs le tuteur le plus probe et le mieux entendu. Sous son administration, Cinq-Cygne prit l'air d'une ferme. Le bonhomme, qui ressemblait beaucoup moins à un preux qu'à un propriétaire faisant valoir, avait tiré parti du parc et des jardins, dont l'étendue était d'environ deux cents arpents, et où il trouva la nourriture des chevaux, celle des gens et le bois de chauffage.

Grâce à la plus sévère économie, à sa majorité, la comtesse, par suite du placement, avait déjà recouvré des revenus sur l'État, une fortune suffisante. En 1779, l'héritière possédait vingt mille francs de rentes sur l'État, dont, à la vérité, les arrérages étaient dus, et douze mille francs à Cinq-Cygne, dont les baux avaient été renouvelés avec de notables augmentations. Monsieur et madame d'Hauteserre s'étaient retirés aux champs avec trois mille livres de rentes viagères dans les tontines Lafarge. Ce débris de leur fortune ne leur permettait pas d'habiter ailleurs qu'à Cinq-Cygne. Aussi le premier acte de Laurence fut-il de leur donner la jouissance pour toute la vie du pavillon qu'ils y occupaient.

Les d'Hauteserre, devenus avares pour leur pupille comme pour eux-mêmes, et qui, tous les ans, entassaient leurs mille écus en songeant à leurs deux fils, faisaient faire une misérable chère à l'héritière. La dépense totale de Cinq-Cygne ne dépassait pas cinq mille francs par an. Mais Laurence, qui ne descendait dans aucun détail, trouvait tout bon.

Le tuteur et sa femme, insensiblement dominés par l'influence imperceptible de ce caractère qui s'exerçait dans les plus petites choses, avaient fini par admirer celle qu'ils avaient connue enfant, sentiment assez rare. Mais Laurence avait dans les manières, dans sa voix gutturale, dans son regard impérieux, ce je ne sais quoi, ce pouvoir inexplicable qui impose toujours, même quand il n'est qu'apparent, et qui, chez les gens vides, ressemble à la profondeur. Pour le vulgaire, la profondeur est incompréhensible. De là vient peut-être l'admiration du peuple pour tout ce qu'il ne comprend pas.

Monsieur et madame d'Hauteserre, saisis par le silence et impressionnés par la sauvagerie de la jeune comtesse, étaient toujours dans l'attente de quelque chose de grand. En faisant le bien avec discernement et ne se laissant pas tromper, Laurence obtenait de la part des paysans un grand respect, quoiqu'elle fût aristocrate. Son sexe, son nom, ses malheurs, l'originalité de sa vie, tout contribuait à lui donner de l'autorité sur les habitants de la vallée de Cinq-Cygne. Elle partait quelquefois pour un ou pour deux jours, accompagnée de Gothard; et jamais au retour, ni monsieur ni madame d'Hauteserre ne l'interrogeaient sur les motifs de son absence.

Laurence, remarquez-le, n'avait rien de bizarre en elle. La virago se cachait sous la forme la plus féminine et la plus faible en apparence. Son cœur était d'une excessive sensibilité, mais elle portait dans sa tête une résolution virile et une fermeté stoïque. Ses yeux clairvoyants ne savaient pas pleurer. A voir son poignet blanc et délicat nuancé de veines bleues, personne n'eût imaginé qu'il pouvait défier celui du cavalier le plus endurci. Sa main, si molle, si fluide, maniait un pistolet, un fusil, avec la vigueur d'un chasseur exercé.

Au dehors, elle n'était jamais autrement

coiffée que comme les femmes le sont pour monter à cheval, avec un petit chapeau coquet en castor et le voile vert rabattu. Aussi son visage si délicat, son cou blanc enveloppé d'une cravate noire, n'avaient-ils jamais souffert de ses courses en plein air. Sous le Directoire, et au commencement du Consulat, Laurence avait pu se conduire ainsi, sans que personne s'occupât d'elle ; mais depuis que le gouvernement se régularisait, les nouvelles autorités, le préfet de l'Aube, les amis de Malin, et Malin lui-même, essayaient de la déconsidérer.

Laurence ne pensait qu'au renversement de Bonaparte, dont l'ambition et le triomphe avaient excité chez elle comme une rage, mais froide et calculée. Ennemie obscure et inconnue de cet homme couvert de gloire, elle le visait, du fond de sa vallée et de ses forêts, avec une fixité terrible, voulait aller le tuer aux environs de Saint-Cloud ou de La Malmaison. L'exécution de ce dessein eût expliqué les exercices et les habitudes de sa vie. Mais, initiée, depuis la rupture de la paix d'Amiens, à la conspiration des hommes qui tentèrent de retourner le 18 brumaire contre le Premier Consul, elle avait dès lors subordonné sa force et sa haine au plan très-vaste et très-bien conduit, qui devait atteindre Bonaparte à l'extérieur, par la vaste coalition de la Russie, de l'Autriche et de la Prusse, qu'empereur il vainquit à Austerlitz, à l'intérieur par la coalition des hommes les plus opposés les uns aux autres, mais réunis par une haine commune, et dont plusieurs méditaient, comme Laurence ; la mort de cet homme, sans s'effrayer du mot assassinat.

Cette jeune fille, si frêle à voir, si forte pour qui la connaissait bien, était donc en ce moment le guide fidèle et sûr des gentilshommes qui vinrent en Allemagne prendre part à cette attaque sérieuse. Fouché se fonda sur cette coopération des émigrés d'au delà du Rhin pour envelopper le duc d'Enghien dans le complot. La présence de ce prince sur le territoire de Bade, à peu de distance de Strasbourg, donne plus tard du poids à ces suppositions. La grande question de savoir si le prince eut vraiment connaissance de l'entreprise, s'il devait entrer en France après la réussite, est un des secrets sur lesquels, comme sur quelques autres, les princes de la maison de Bourbon ont gardé le plus profond silence. A mesure que l'histoire de ce temps vieillira, les historiens impartiaux trouveront au moins de l'imprudence chez le prince à se rapprocher de la frontière, au moment où devait éclater une immense conspiration, dans le secret de laquelle toute la famille royale a certainement été.

La prudence que Malin venait de déployer en conférant avec Grévin en plein air, cette jeune fille l'appliquait à ses moindres relations. Elle recevait les émissaires, conférait avec eux, soit sur les diverses lisières de la forêt de Nodesme, soit au delà de la vallée de Cinq-Cygne vers la Lorraine. Elle faisait souvent quinze lieues d'une seule traite avec Gothard, et revenait à Cinq-Cygne sans qu'on pût apercevoir sur son frais visage la moindre trace de fatigue ni de préoccupation.

Elle avait d'abord surpris dans les yeux de ce petit vacher, alors âgé de neuf ans, la naïve admiration qu'ont les enfants pour l'extraordinaire; elle en fit son palfrenier et lui apprit à panser les chevaux avec le soin et l'attention qu'y mettent les Anglais. Elle reconnut en lui le désir de bien faire, de l'intelligence et l'absence de tout calcul; elle essaya son dévoûment, et lui en trouva non seulement l'esprit, mais la noblesse, il ne concevait pas de récompense; elle cultiva cette âme encore si jeune, elle fut bonne pour lui, bonne avec grandeur, elle se l'attacha en s'attachant à lui, en polissant elle-même ce caractère à demi sauvage, sans lui enlever sa verdeur, ni sa simplicité. Quand elle eut suffisamment éprouvé la fidélité quasi canine qu'elle avait nourrie, Gothard devint son ingénieux et ingénu complice.

Le petit paysan, que personne ne pouvait soupçonner, allait de Cinq-Cygne jusqu'à Nancy, et revenait quelquefois sans que personne sût qu'il avait quitté le pays. Toutes les ruses employées par les espions, il les pratiquait. L'excessive défiance que lui avait donnée sa maîtresse, n'altérait en rien son naturel. Gothard, qui possédait à la fois la ruse des femmes, la candeur de l'enfant et l'attention perpétuelle du conspirateur, cachait ces admirables qualités sous la profonde ignorance et la torpeur des gens de la campagne. Ce petit homme paraissait niais, faible et maladroit; mais une fois à l'œuvre il était agile comme un poisson, il échappait comme une anguille, il comprenait, à la manière des chiens, sur un regard, il flairait la pensée. Sa bonne grosse figure, ronde et rouge, ses yeux bruns endormis, ses cheveux coupés comme ceux des paysans, son costume, sa croissance très-retardée, lui laissaient l'apparence d'un enfant de dix ans.

Sous la protection de leur cousine qui, depuis Strasbourg jusqu'à Bar-sur-Aube, veilla sur eux, messieurs d'Hauteserre et de Simeuse, accompagnés de plusieurs autres émigrés, vinrent par l'Alsace, la Lorraine et la Champagne, tandis que d'autres conspirateurs, non moins courageux, abordèrent la France par les falaises de la Normandie. Vêtus en ouvriers, les d'Hauteserre et les Simeuse avaient été de forêts en forêts, guidés de proche en proche par des personnes choisies depuis trois mois, dans chaque département, par Laurence, parmi les gens les plus dévoués aux Bourbons, et les moins soupçonnés. Les émigrés se couchaient le jour et marchaient pendant la nuit.

Chacun d'eux amenait deux soldats dévoués, dont l'un allait en avant à la découverte, et l'autre demeurait en arrière afin de protéger la retraite en cas de malheur. Grâce à ces précautions militaires, ce précieux détachement avait atteint sans malheur la forêt de Nodesme prise pour lieu de rendez-vous.

Vingt-sept autres gentilshommes entrèrent aussi par la Suisse et traversèrent la Bourgogne, guidés vers Paris avec des précautions pareilles. Monsieur de Rivière comptait sur cinq cents hommes, dont cent jeunes gens nobles, les officiers de ce bataillon sacré. Messieurs de Polignac et de Rivière, dont la conduite fut, comme chefs, excessivement remarquable, gardèrent un secret impénétrable à tous ces complices qui ne furent pas découverts. Aussi peut-on dire aujourd'hui, d'accord avec les révélations faites pendant la Restauration, que Bonaparte ne connut pas plus l'étendue des dangers qu'il courut alors, que l'Angleterre ne connaissait le péril où la mettait le camp de Boulogne; et, cependant, en aucun temps, la police ne fut plus spirituellement ni plus habilement dirigée.

Au moment où cette histoire commence, un lâche, comme il s'en trouve toujours dans les conspirations qui ne sont pas restreintes à un petit nombre d'hommes également forts; un conjuré, mis face à face avec la mort, donnait des indications, heureusement insuffisantes pour plusieurs, mais assez précises sur son objet. Aussi la police laissait-elle, comme l'avait dit Malin à Grévin, les conspirateurs surveillés agir en liberté, pour embrasser toutes les ramifications de l'entreprise. Mais après, le gouvernement eut en quelque sorte la main forcée par

Georges Cadoudal, homme d'exécution, qui ne prenait conseil que de lui-même, et qui se trouvait caché dans Paris, avec vingt-cinq chouans inconnus, pour tuer le Premier Consul.

Laurence unissait dans sa pensée la haine et l'amour. Détruire Bonaparte et ramener les Bourbons, n'était-ce pas reprendre Gondreville et faire la fortune de ses cousins? Ces deux sentiments, dont l'un est la contre-partie de l'autre, suffisent, à vingt-trois ans surtout, pour déployer toutes les facultés et toutes les forces de la vie. Aussi, depuis deux mois, Laurence paraissait-elle plus belle aux habitants de Cinq-Cygne qu'elle ne fut en aucun moment. Ses joues étaient devenues roses, l'espérance donnait par instants de la fierté à son front; mais quand on lisait la *Gazette* le soir, et que les actes conservateurs du Premier Consul s'y déroulaient, elle baissait les yeux pour n'y pas laisser lire la menaçante certitude de la chute prochaine de cet ennemi des Bourbons.

Personne au château ne se doutait donc que la jeune comtesse eût revu ses cousins la nuit dernière.

Les deux fils de monsieur et madame d'Hauteserre avaient passé la nuit dans la propre chambre de la comtesse, sous le même toit que leurs père et mère; car Laurence, pour ne donner aucun soupçon, après avoir couché les deux d'Hauteserre, entre une heure et deux du matin, vint prendre ses cousins et les emmena au milieu de la forêt où elle les avait cachés dans la cabane abandonnée d'un garde-vente. Sûre de les revoir, elle ne montra pas le moindre air de joie. Rien ne trahit en elle les émotions de l'attente. Enfin elle avait su effacer les traces du plaisir de les avoir revus. Elle fut impassible.

La jolie Catherine, la fille de sa nourrice, et Gothard, tous deux dans le secret, modelèrent leur conduite sur celle de leur maîtresse. Catherine avait dix-neuf ans. A cet âge, comme à celui de Gothard, une jeune fille est fanatique et se laisse couper le cou sans dire un mot. Quant à Gothard, sentir le parfum que la comtesse mettait dans ses cheveux et dans ses habits, lui eût fait endurer la question extraordinaire sans dire une parole.

VI

INTÉRIEUR ET PHYSIONOMIES ROYALISTES SOUS LE CONSULAT.

VI.

Au moment où Marthe, avertie de l'imminence du péril, glissait avec la rapidité d'une ombre vers la brèche indiquée par Michu, le salon du château de Cinq-Cygne offrait le plus paisible spectable. Ses habitants étaient si loin de soupçonner l'orage près de fondre sur eux que leur attitude devait exciter la compassion de la première personne qui connût leur situation.

Dans la haute cheminée, ornée d'un trumeau où dansaient au dessus de la glace des bergères en paniers, brillait un de ces feux comme il ne s'en fait que dans les châteaux situés aux bords des bois. Au coin de cette cheminée, sur une grande bergère carrée en bois blanc verni, et garnie en velours d'Utrecht vert, la jeune comtesse était en quelque sorte étalée dans l'attitude que donne un accablement complet.

Revenue à six heures seulement des confins de la Brie, après avoir battu l'estrade en avant de la troupe afin de faire arriver à bon port les quatre gentilshommes au gîte où ils devaient faire leur dernière étape avant d'entrer à Paris, elle avait surpris monsieur et madame d'Hauteserre à la fin de leur dîner. Pressée par la faim, elle s'était mise à table sans quitter ni son amazone crottée ni ses brodequins.

Au lieu de se déshabiller après le dîner, elle s'était sentie accablée par toutes ses fatigues, et avait laissé aller sa belle tête nue, couverte de ses mille boucles blondes, sur le dossier de l'immense bergère, en gardant ses pieds en avant sur un tabouret. Le feu séchait les éclaboussures de son amazone et de ses brodequins. Ses gants de peau de daim, son petit chapeau de castor, son voile vert et sa cravache étaient sur la console où elle les avait jetés. Elle regardait tantôt la vieille horloge de Boule qui se trouvait sur le chambranle de la cheminée entre deux candélabres à fleurs, pour voir si, d'après l'heure, les quatre conspirateurs étaient couchés; tantôt la table de boston placée devant la cheminée et occupée par monsieur d'Hauteserre et par sa femme, par le curé de Cinq-Cygne et sa sœur.

Quand même ces personnages ne seraient pas incrustés dans le drame où, par malheur, ils ont figuré, leurs têtes auraient encore le mérite de représenter une des faces nouvelles que prit l'aristocratie après sa défaite de 1793 ; et sous ce rapport, la peinture du salon de Cinq-

Cygne aurait la saveur de l'histoire vue en déshabillé.

Le gentilhomme, alors âgé de cinquante-deux ans, grand, sec, sanguin, et d'une santé robuste, eût paru capable de vigueur sans de gros yeux d'un bleu faïence dont le regard annonçait une extrême simplicité. Il existait dans sa figure terminée par un menton de galoche, entre son nez et sa bouche, un espace démesuré par rapport aux lois du dessin, qui lui donnait un air de soumission, en parfaite harmonie avec son caractère, auquel concordaient les moindres détails de sa physionomie.

Ainsi sa chevelure grise, feutrée par

son chapeau qu'il gardait presque toute la journée, formait comme une calotte sur sa tête, en en dessinant le contour pyriforme. Son front, très-ridé par sa vie campagnarde et par de continuelles inquiétudes, était plat et sans expression. Son nez aquilin relevait un peu sa figure, le seul indice de force se trouvait dans ses sourcils touffus qui conservaient leur couleur noire, et dans la vive coloration de son teint; mais cet indice ne mentait point; le gentilhomme, quoique simple et doux, avait la foi monarchique et catholique. Aucune considération ne l'eût fait changer de parti. Le bonhomme se serait laissé arrêter, il n'eût pas tiré sur les municipaux, et serait allé tout doucettement à l'échafaud.

Ses trois mille livres de rentes viagères, sa seule ressource, l'avaient empêché d'émigrer. Il obéissait donc au gouvernement de fait, sans cesser d'aimer la famille royale et d'en souhaiter le rétablissement ; mais il eût refusé de se compromettre en participant à une tentative en faveur des Bourbons. Il appartenait à cette portion de royalistes qui se sont éternellement souvenus d'avoir été battus et volés ; qui, dès lors sont restés muets, économes, rancuniers, sans énergie, mais incapables d'aucune abjuration, ni d'aucun sacrifice ; tout prêts à saluer la royauté triomphante, amis de la religion et des prêtres, mais résolus à supporter toutes les avanies du malheur. Ce n'est plus alors avoir une opinion, mais de l'entêtement. L'action est l'essence des partis.

Sans esprit, mais loyal, avare comme un paysan, et néanmoins noble de manières, hardi dans ses vœux mais discret en paroles et en actions, tirant parti de tout, et prêt à se laisser nommer maire de Cinq-Cygne, monsieur d'Hauteserre représentait admirablement ces honorables gentilhommes auxquels Dieu a écrit sur le front le mot mites, qui laissèrent passer au dessus de leurs gentilhommières et de leurs têtes les orages de la Révolution; qui se redressèrent sous la Restauration, riches de leurs économies cachées et de leur attachement discret et qui rentrèrent dans leurs campagnes après 1830.

Son costume, expressive enveloppe de ce caractère, peignait l'homme et le temps, monsieur d'Hauteserre portait une de ces houppelandes, couleurs noisette, à petit collet, que le dernier duc d'Orléans avait mises à la mode à son retour d'Angleterre, et qui furent, pendant la Révolution, comme une transaction entre les hideux costumes populaires et les élégantes redingotes de l'aristocratie. Son gilet de velours, à raies fleuretées dont la façon rappelait ceux de Robespierre et de Saint-Just, laissait voir le haut d'un jabot à petits plis dormant sur la chemise. Il conservait la culotte, mais la sienne était de gros drap bleu, à boucles d'acier bruni. Ses bas en filoselle noire moulaient des jambes de cerf, chaussées de gros souliers maintenus par des guêtres en drap noir. Il avait gardé le col en mousseline à mille plis, serré par une boucle en or sur le cou. Le bon homme n'avait point entendu faire de l'éclectisme politique en adoptant ce costume à la fois paysan, révolutionnaire et aristocrate ; il avait obéi très-innocemment aux circonstances.

Sa femme, âgée de quarante ans, et usée par les émotions, avait une figure passée qui semblait toujours poser pour un portrait ; et son bonnet de dentelle, orné de coques en satin blanc, contribuait singulièrement à lui donner cet air solennel. Elle mettait encore de la poudre malgré le fichu blanc, la robe en soie puce à manches plates, à jupon très-ample, triste et dernier costume de la reine Marie-Antoinette. Elle avait le nez pincé, le menton pointu, le visage presque triangulaire, des yeux qui avaient pleuré ; mais elle mettait *un soupçon* de rouge qui ravivait ses yeux gris. Elle prenait du tabac. Chaque fois, elle pratiquait ces jolis précautions dont abusaient autrefois les petites maîtresses, et tous les détails de sa prise constituaient une cérémonie qui s'explique par un mot : elle avait de jolies mains.

Depuis deux ans, l'ancien précepteur des deux Simeuse, ami de l'abbé d'Hauteserre, nommé Goujet, savant oratorien, avait pris pour retraite la cure de Cinq-Cygne par amitié pour les d'Hauteserre et pour la jeune comtesse. Sa sœur, mademoiselle Goujet, riche de sept cents francs de rentes, les réunissait aux faibles appointements de la cure, et tenait le ménage de son frère.

Ni l'église, ni le presbytère n'avaient été vendus par suite de leur peu de valeur. L'abbé Goujet logeait donc à deux pas du château, car le mur du jardin de la cure et celui du parc étaient mitoyens en quelques endroits. Aussi, deux fois par semaine, l'abbé Goujet et sa sœur dînaient-ils à Cinq-Cygne, où tous les soirs ils venaient faire la partie des d'Hauteserre. Laurence ne savait pas tenir une carte.

L'abbé Goujet, vieillard en cheveux blancs et à la figure blanche comme celle d'une vieille femme, doué d'un sourire aimable, d'une voix douce et insinuante, relevait la fadeur de sa face assez poupine par un front où respirait l'intelligence et par des yeux très-fins. De moyenne taille et bien fait, il gardait l'habit noir à la française, portait des boucles d'argent à sa culotte et à ses souliers, des bas de soie noire, un gilet noir sur lequel tombait son rabat, ce qui lui donnait un grand air, sans rien ôter à sa dignité.

Cet abbé, qui devint évêque à la restauration, habitué par son ancienne profession de régent de collège à juger les jeunes gens, avait deviné le grand caractère de Laurence : il l'appréciait à toute sa valeur, et lui avait de prime abord témoigné une respectueuse déférence qui contribua beaucoup à la rendre indépendante à Cinq-Cygne et à faire plier sous elle l'austère vieille dame et le bon gentilhomme auxquels, selon l'usage, elle aurait dû certainement obéir.

Depuis six mois, l'abbé Goujet observait Laurence avec le génie particulier aux prêtres, qui sont les gens les plus perspicaces; et, sans savoir que cette jeune fille de vingt-trois ans pensait à renverser Bonaparte au moment où ses faibles mains détortillaient un brandebourg défait de son amazone, il la supposait cependant agitée d'un grand dessein.

Mademoiselle Goujet était une de ces filles dont le portrait est fait en deux mots, qui permettent aux moins imaginatifs de se les représenter : elle appartenait au genre des grandes haquenées. Elle se savait laide, elle en riait la première en montrant ses longues dents jaunes comme son teint et ses mains ossues. Elle était entièrement bonne et gaie. Elle portait le fameux casaquin du vieux temps, une jupe très-ample, à poches toujours pleines de clefs, un bonnet à rubans et un tour de cheveux. Elle avait eu quarante ans de très-bonne heure ; mais elle se rattrapait, disait-elle, en s'y tenant depuis vingt ans. Elle vénérait la noblesse, et savait garder sa propre dignité, en rendant aux personnes nobles tout ce qui leur était dû de respects et d'hommages.

Cette compagnie était venue fort à propos à Cinq-Cygne pour madame d'Hauteserre, qui n'avait pas, comme son mari, des occupations rurales, ni, comme Laurence, le tonique d'une haine pour soutenir le poids d'une vie solitaire. Aussi tout s'était-il en quelque sorte amélioré depuis deux ans.

Le culte catholique rétabli permettait de remplir les devoirs religieux qui ont plus de retentissement dans la vie de campagne que partout ailleurs. Monsieur et madame d'Hauteserre, rassurés par les actes conservateurs du Premier Consul, avaient pu correspondre avec leurs fils, avoir de leurs nouvelles, ne plus trembler pour eux, les prier de solliciter leur radiation et de rentrer en France. Le trésor avait liquidé les arrérages des rentes, et payait régulièrement les semestres. Les d'Hauteserre possédaient alors de plus que leur viager cinq mille francs de rentes, le vieillard s'applaudissait de la sagesse de ses prévisions : il avait placé toutes ses économies, vingt mille francs, en même temps que sa pupille, après le dix-huit brumaire, qui fit, comme on le sait, monter les fonds de douze à dix-huit francs.

Long-temps Cinq-Cygne était resté nu, vide et dévasté. Par calcul, le prudent tuteur n'avait pas voulu, durant les commotions révolutionnaires, en changer l'aspect ; mais, à la paix d'Amiens, il avait fait un voyage à Troyes, pour en rapporter quelques débris des deux hôtels pillés, rachetés chez des fripiers.

Le salon avait alors été meublé par ses soins. De beaux rideaux de damas blanc à fleurs vertes provenant de l'hôtel Simeuse ornaient les six croisées du salon où se trouvaient alors ces personnages. Cette immense pièce était entièrement revêtue de boiseries divisées en panneaux, encadrés de baguettes perlées, décorés de mascarons aux angles, et peints en deux tons de gris. Les dessus des quatre portes offraient de ces sujets en grisaille qui furent à la mode sous Louis XV.

Le bonhomme avait trouvé à Troyes des consoles dorées, un meuble en velours d'Utrecht vert, un lustre de cristal, une table à jouer en marqueterie, et tout ce qui pouvait servir à la restauration de Cinq-Cygne. En 1792, tout le mobilier du château fut pris : le pillage des hôtels avait eu son contre-coup dans la vallée.

Chaque fois que le vieillard allait à Troyes, il en revenait avec quelques reliques de l'ancienne splendeur, tantôt un vieux beau tapis comme celui qui était tendu sur le parquet du salon, tantôt une partie de vaisselle en vieille porcelaine de Saxe ou de Sèvres. Depuis six mois, il avait osé déterrer l'argenterie de Cinq-Cygne, que le cuisinier avait enterrée dans une petite maison à lui appartenant et située au bout d'un des longs faubourgs de Troyes.

Ce fidèle serviteur, nommé Durieu, et sa femme, avaient toujours suivi la fortune de leur jeune maîtresse. Durieu était le factotum du château, comme sa femme en était la femme de charge. Durieu avait pour se faire aider à la cuisine la sœur de Catherine, à laquelle il enseignait son art, et qui devenait une excellente cuisinière.

Un vieux jardinier, sa femme, son fils payé à la journée, et leur fille, qui servait de vachère, complétaient le personnel du château.

Depuis six mois, la Durieu avait fait faire en secret une livrée aux couleurs des Cinq-Cygne pour le fils du jardinier et pour

Gothard. Quoique bien grondée pour cette imprudence par le gentilhomme, elle s'était donné le plaisir de voir le dîner servi, le jour de Saint-Laurent, pour la fête de Laurence, presque comme autrefois.

Cette pénible et lente restauration des choses faisait la joie de monsieur et de madame d'Hauteserre et des Durieu. Laurence souriait de ce qu'elle appelait des enfantillages. Mais le bonhomme d'Hauteserre pensait également au solide : il réparait les bâtiments, rebâtissait les murs, plantait partout où il y avait chance de faire venir un arbre, et ne laissait pas un pouce de terrain sans le mettre en valeur. Aussi la vallée de Cinq-Cygne le regardait-elle comme un oracle en fait d'agriculture.

Il avait su reprendre cent arpents de terrain contesté, non vendu, et confondu par la commune dans ses communaux ; il les avait convertis en prairies artificielles qui nourrissaient les bestiaux du château, et les avait encadrés de peupliers qui, depuis six ans, poussaient à ravir. Il avait l'intention de racheter quelques terres, et d'utiliser tous les bâtiments du château en y faisant une seconde ferme qu'il se promettait de conduire lui-même.

La vie était donc, depuis deux ans, devenue presque heureuse au château. Monsieur d'Hauteserre décampait au lever du soleil, il allait surveiller ses ouvriers, car il employait du monde en tout temps; il revenait déjeûner, montait après sur un bidet de fermier, et faisait sa tournée comme un garde; puis, de retour pour le dîner, il finissait sa journée par le boston.

Tous les habitants du château avaient leurs occupations, la vie y était aussi réglée que dans un monastère. Laurence seule y jetait le trouble par ses voyages subits, par ses absences, par ce que madame d'Hauteserre nommait ses fugues.

Cependant il existait à Cinq-Cygne deux politiques, et des causes de dissension. D'abord, Durieu et sa femme étaient jaloux de Gothard et de Catherine qui vivaient plus avant qu'eux dans l'intimité de leur jeune maîtresse, l'idole de la maison. Puis les deux d'Hauteserre, appuyés par mademoiselle Goujet et par le curé, voulaient que leurs fils, ainsi que les jumeaux de Simeuse, rentrassent et prissent part au bonheur de cette vie paisible, au lieu de vivre péniblement à l'étranger. Laurence flétrissait cette odieuse transaction, et représentait le royalisme pur, militant et implacable.

Les quatre vieilles gens, qui ne voulaient plus voir compromettre une existence heureuse, ni ce coin de terre conquis sur les eaux furieuses du torrent révolutionnaire, essayaient de convertir Laurence à leurs doctrines vraiment sages, en prévoyant qu'elle était pour beaucoup dans la résistance que leurs fils et les deux Simeuse opposaient à leur rentrée en France. Le superbe dédain de leur pupille épouvantait ces pauvres gens qui ne se trompaient point en appréhendant ce qu'ils appelaient *un coup de tête*.

Cette dissension avait éclaté lors de l'explosion de la machine infernale de la rue Saint-Nicaise, la première tentative royaliste dirigée contre le vainqueur de Marengo, après son refus de traiter avec la maison de Bourbon. Les d'Hauteserre regardèrent comme un bonheur que Bonaparte eût échappé à ce danger, en croyant que les républicains étaient les auteurs de cet attentat. Laurence pleura de rage de voir le Premier Consul sauvé. Son désespoir l'emporta sur sa dissimulation habituelle, elle accusa Dieu de trahir les fils de saint Louis !

— Moi, s'écria-t-elle, j'aurais réussi. N'a-t-on pas, dit-elle à l'abbé Goujet en remarquant la profonde stupéfaction produite par son mot sur toutes les figures, le droit d'attaquer l'usurpation par tous les moyens possibles?

— Mon enfant, répondit l'abbé Goujet, l'Église a été bien attaquée et blâmée par les philosophes pour avoir jadis soutenu qu'on pouvait employer contre les usurpateurs les armes que les usurpateurs avaient employées pour réussir; mais aujourd'hui l'Église doit trop à monsieur le Premier Consul pour ne pas le protéger et le garantir contre cette maxime due d'ailleurs aux Jésuites.

Les Oratoriens étaient les ennemis de cet Ordre célèbre.

— Ainsi l'Église nous abandonne ! répondit-elle d'un air sombre.

Dès ce jour, toutes les fois que ces quatre vieillards parlaient de se soumettre à la Providence, la jeune comtesse quittait le salon.

Depuis quelque temps, le curé, plus adroit que le tuteur, au lieu de discuter les principes, faisait ressortir les avantages matériels du gouvernement consulaire, moins pour convertir la comtesse que pour surprendre dans ses yeux des expressions qui pussent l'éclairer sur ses projets. Les absences de Gothard, les courses multipliées de Laurence, et sa préoccupation qui, dans ces derniers jours, parut à la surface de sa figure, enfin une foule de petites choses qui ne pouvaient échapper dans le silence et la tranquillité de la vie à Cinq-Cygne, surtout aux yeux inquiets des d'Hauteserre, de l'abbé Goujet et des Durieu, tout avait réveillé les craintes de ces royalistes soumis.

Mais comme aucun évènement ne se produisait, et que le calme le plus parfait régnait dans la sphère politique depuis quelques jours, la vie du petit château était redevenue paisible. Chacun avait attribué les courses de la comtesse à sa passion pour la chasse.

On peut imaginer le profond silence qui régnait dans le parc, dans les cours, au dehors, à neuf heures, au château de Cinq-Cygne, où, dans ce moment, les choses et les personnes étaient si harmonieusement colorées, où régnait la paix la plus profonde, où l'abondance revenait, où le bon et sage gentilhomme espérait convertir sa pupille à son système d'obéissance par la continuité des heureux résultats.

Ces royalistes continuaient à jouer le jeu de *boston* qui répandit par toute la France les idées d'indépendance sous une forme frivole, qui fut inventé en l'honneur des insurgés d'Amérique, et dont tous les termes rappellent la lutte glorieuse encouragée par Louis XVI. Tout en faisant des *indépendances* ou des *misères*, ils observaient Laurence, qui bientôt, vaincue par le sommeil, s'endormit avec un sourire d'ironie sur les lèvres : sa dernière pensée avait embrassé le tableau paisible de cette table où deux mots, qui eussent appris aux d'Hauteserre que leurs fils avaient couché la nuit dernière sous leur toit, pouvaient jeter la plus vive terreur. Quelle jeune fille de vingt-trois ans n'eût été, comme Laurence, orgueilleuse de se faire le Destin, et n'aurait eu, comme elle, un léger mouvement de compassion pour ceux qu'elle voyait si fort au dessous d'elle ?

— Elle dort, dit l'abbé. Jamais je ne l'ai vue si fatiguée.

— Durieu m'a dit que sa jument est comme fourbue, reprit madame d'Hauteserre, son fusil n'a pas servi, le bassinet était clair, elle n'a donc pas chassé.

— Ah! sac à papier! reprit le curé, voilà qui ne vaut rien.

— Bah! bah! s'écria mademoiselle Goujet, quand j'ai eù mes vingt-trois ans et que je me voyais condamnée à rester fille, je courais, je me fatiguais bien autrement. Je comprends que la comtesse se promène à travers le pays sans penser à tuer le gibier. Voilà bientôt douze ans qu'elle n'a vu ses cousins, elle les aime; eh bien? à sa place, moi, si j'étais comme elle jeune et jolie, j'irais d'une seule traite en Allemagne ! Aussi, la pauvre mignonne, peut-être est-elle attirée vers la frontière.

— Vous êtes leste, mademoiselle Goujet, dit en souriant le curé.

— Mais, reprit-elle je vous vois inquiet des allées et venues d'une jeune fille de vingt-trois ans, je vous les explique.

— Ses cousins rentreront, elle se trouvera riche, elle finira par se calmer, dit le bonhomme d'Hauteserre.

— Dieu le veuille ! s'écria la vieille dame en prenant sa tabatière d'or qui depuis le Concordat avait revu le jour.

— Il y a du nouveau dans le pays, dit le

bonhomme d'Hauteserre au curé, Malin est depuis hier soir à Gondreville.

— Malin ! s'écria Laurence frappée par ce nom dans son sommeil.

— Oui, reprit le curé ; mais il repart cette nuit, et l'on se perd en conjectures au sujet de ce voyage précipité.

— Cet homme, dit Laurence, est le mauvais génie de nos deux maisons.

La jeune comtesse venait de rêver à ses cousins et aux d'Hauteserre: elle les avait vus menacés. Ses beaux yeux devinrent fixes et ternes en pensant aux dangers qu'ils couraient dans Paris; elle se leva brusquement, et remonta chez elle sans rien dire. Elle habitait dans la chambre d'honneur, auprès de laquelle se trouvait un cabinet et un oratoire, situés dans la tourelle qui regardait la forêt.

Quand Laurence eut quitté le salon, les chiens aboyèrent, on entendit sonner à la petite grille, et Durieu vint, la figure effarée, dire au salon :

— Voici le maire ! il y a quelque chose.

Ce maire, ancien piqueur de la maison de Simeuse, venait quelquefois au château, où, par politique, les d'Hauteserre lui témoignaient une déférence à laquelle il attachait le plus haut prix. Cet homme, nommé

Goulard, avait épousé une riche marchande de Troyes dont le bien se trouvait sur la commune de Cinq-Cygne, et qu'il avait augmenté de toutes les terres d'une riche abbaye à l'acquisition de laquelle il mit toutes ses économies. La vaste abbaye du Val-des-Preux, située à un quart de lieue du château, lui faisait une habitation presque aussi splendide que Gondreville, et où il figurait, sa femme et lui, comme deux rats dans une cathédrale.

— Goulard, tu as été goulu! dit en riant mademoiselle, quand elle le vit à Cinq-Cygne.

Quoique très-attaché à la Révolution et froidement accueilli par la comtesse, le maire se sentait toujours tenu par les liens du respect envers les Cinq-Cygne et les Simeuse. Aussi fermait-il les yeux sur tout ce qui se passait au château. Il appelait fermer les yeux, ne pas voir les portraits de Louis XVI, de Marie-Antoinette, des enfants de France, de Monsieur, du comte d'Artois, de Cazalès, de Charlotte Corday, qui ornaient les panneaux du salon; ne pas trouver mauvais qu'on souhaitât, en sa présence, la ruine de la république, qu'on se moquât des cinq directeurs, et de toutes les combinaisons d'alors.

La position de cet homme qui, semblable à beaucoup de parvenus, une fois sa fortune faite, recroyait aux vieilles familles, et voulait s'y rattacher, avait été mise à profit par les deux personnages dont la profession fut si promptement devinée par Michu, et qui, avant de venir à Gondreville, avaient exploré le pays.

VII.

LA VISITE DOMICILIAIRE.

VII.

L'homme aux belles traditions de l'ancienne police et Corentin, ce phénix des espions, avaient une mission secrète. Malin ne se trompait pas en prêtant un double rôle à ces deux artistes en farces

PAGINATION DECALEE

tragiques. Aussi, peut-être avant de les voir à l'œuvre, est-il nécessaire de montrer la tête dont ils étaient les bras.

Bonaparte, en devenant Premier Consul, trouva Fouché dirigeant la police générale. La révolution avait fait franchement et avec raison un ministère spécial de la police. Mais, à son retour de Marengo, Bonaparte créa la Préfecture de Police, y plaça Dubois, et appela Fouché au conseil d'état en lui donnant pour successeur au minstère de la police le conventionnel Cochon, devenu depuis comte de Lapparent. Fouché qui regardait le ministère de la police comme le plus important dans un gouvernement à grandes vues, à politique arrêtée, vit une disgrâce, ou tout au moins une méfiance, dans ce changement.

Après avoir reconnu, dans les affaires de la machine infernale et de la conspiration dont il s'agit ici, l'excessive supériorité de ce grand homme d'Etat, Napoléon lui rendit le ministère de la Police. Puis effrayé des talens que Fouché déploya pendant son absence, lors de l'affaire de Walcheren, l'Empereur donna ce ministère au duc de Rovigo, et envoya le duc d'Otrante gouverner les provinces Illyriennes, un véritable exil.

Ce profond génie qui frappa Napoléon d'une sorte de terreur ne se déclara pas tout à coup chez Fouché.

Cet obscur conventionnel, l'un des hommes les plus extraordinaires et les plus mal jugés de ce temps, se forma dans les tempêtes. Il s'éleva, sous le Directoire, à la hauteur d'où les hommes profonds savent voir l'avenir en jugeant le passé; puis, tout à coup, comme certains acteurs médiocres qui deviennent excellents, éclairés par une lueur soudaine, il donna des preuves de dextérité pendant la rapide révolution du dix-huit brumaire. Cet homme, au pâle visage, élevé dans les dissimulations monastiques, qui possédait les secrets des Montagnards auxquels il appartint, avait, comme Cromwell, lentement et silencieusement étudié les hommes, les choses, les intérêts de la scène politique : il pénétra les secrets de Bonaparte, lui donna d'utiles conseils et des renseignements précieux. Satisfait d'avoir démontré son savoir-faire et son utilité, Fouché s'était bien gardé de se dévoiler tout entier : il voulait rester à la tête des affaires. Les incertitudes de Napoléon à son égard lui rendirent sa liberté politique. L'ingratitude ou plutôt la méfiance de l'Empereur après l'affaire de Walcheren explique cet homme qui, malheureusement pour lui, n'était pas un grand seigneur, mais dont la conduite fut calquée sur celle du prince de Talleyrand.

En ce moment, ni ses anciens ni ses nouveaux collègues ne soupçonnaient là profondeur de son génie purement ministériel, essentiellement gouvernemental, juste dans toutes ses prévisions, et d'une incroyable sagacité.

Certes, aujourd'hui, pour tout historien impérial, l'amour-propre excessif de Napoléon est coupable de sa chute qui, d'ailleurs, a cruellement expié ses torts. Il y avait chez ce défiant souverain une jalousie de son jeune pouvoir qui influa sur ses actes autant que sa haine secrète contre les hommes habiles, legs précieux de la

Révolution, avec lesquels il aurait pu se composer un cabinet dépositaire de ses pensées. Talleyrand et Fouché ne furent pas les seuls qui lui donnèrent de l'ombrage. Or, le malheur des usurpateurs est d'avoir pour ennemis et ceux qui leur ont donné la couronne, et ceux auxquels ils l'ont ôtée. Napoléon ne convainquit jamais entièrement de sa souveraineté ceux qu'il avait eus pour supérieurs et pour égaux, ni ceux qui tenaient pour le droit ; personne ne se croyait donc obligé par le serment envers lui.

Malin, homme médiocre, incapable d'apprécier le ténébreux génie de Fouché ni de se défier de son prompt coup-d'œil, se brûla, comme un papillon à la chandelle, en allant le prier confidentiellement de lui envoyer des agens à Gondreville où, dit-il, il espérait obtenir des lumière sur la conspiration.

Fouché, sans effaroucher son ami par une interrogation, se demanda pourquoi Malin allait à Gondreville, comment il ne donnait pas à Paris et immédiatement les renseignements qu'il pouvait avoir. L'ex-oratorien, nourri de fourberies, et au fait du double rôle joué par bien des conventionnels, se dit : — Par qui Malin peut-il savoir quelque chose, quand nous ne savons pas encore grand'chose?

Fouché conclut à quelque complicité

latente ou expectante, et se garda bien de rien dire au Premier Consul. Il aimait mieux se faire un instrument de Malin que de le perdre. Fouché se réservait ainsi une grande partie des secrets qu'il surprenait, et se ménageait sur les personnes un pouvoir supérieur à celui de Bonaparte. Cette duplicité fut un des griefs de Napoléon contre son ministre.

Fouché connaissait la manière dont Malin avait acquis Gondreville, et qui l'obligeait à surveiller messieurs de Simeuse. Les Simeuse servaient à l'armée de Condé. Mademoiselle de Cinq-Cygne était leur cousine, ils pouvaient se trouver aux environs et participer à l'entreprise, leur participation impliquait la maison de Condé dans le complot, car ils s'étaient dévoués à ces princes courageux qui tentèrent de faire la guerre à la République. Monsieur de Talleyrand et Fouché tenaient à éclaircir ce coin très-obscur de la conspiration de 1803.

Toutes ces considérations furent embrassées par Fouché rapidement et avec lucidité. Mais il existait entre Malin et lui des liens qui l'obligeaient à la plus grande circonspection, et lui faisaient désirer de connaître parfaitement l'intérieur du château de Gondreville.

Corentin était attaché sans réserve à

Fouché, comme monsieur de la Besnardières au prince de Talleyrand, comme Gentz à M. de Metternick, comme Dundas à Petit, comme Duroc à Napoléon, comme Chavigny au cardinal de Richelieu. Corentin fut, non pas le conseil de ce ministre, mais son âme damnée, il devint le Tristan secret de ce Louis XI au petit pied.

Fouché l'avait laissé naturellement au ministère de la Police, afin d'y conserver un œil et un bras. Ce garçon lui appartenait, dit-on, par une de ces parentés qui ne s'avouent point ; il le récompensait avec profusion toutes les fois qu'il le mettait en activité. Corentin s'était fait un ami de Peyrade, le vieil élève du dernier lieutenant de police; néanmoins, il eut des secrets pour lui.

Corentin reçut de Fouché l'ordre d'explorer le château de Gondreville, d'en inscrire le plan dans sa mémoire, et d'y reconnaître les moindres cachettes.

— Nous serons peut-être obligés d'y revenir, lui dit l'ex-ministre, absolument comme Napoléon dit à ses lieutenants de bien examiner le champ de bataille d'Austerlitz, jusqu'où il comptait reculer.

Corentin devait encore étudier la conduite de Malin, se rendre compte de son influence dans le pays, observer les hommes qu'il y employait. Fouché tenait pour certain la présence des Simeuse dans la contrée.

Ces deux officiers, aimés du prince de Condé, suivis avec adresse, pouvaient livrer le secret des ramifications du complot au delà du Rhin. Dans tous les cas, Corentin eut les fonds, les ordres et les agents nécessaires pour cerner Cinq-Cygne et moucharder le pays depuis la forêt de Nodesme jusqu'à Paris.

Fouché recommanda la plus grande circonspection et ne permit la visite domiciliaire à Cinq-Cygne qu'en cas de renseignements positifs donnés par Malin.

Enfin, comme renseignement, il mit Corentin au fait du personnage inexplicable de Michu, surveillé depuis trois ans.

La pensée de Coréntin fut celle de son chef : — Malin connaît la conspiration ; mais qui sait, se dit-il, si Fouché n'en est pas aussi.

Corentin, parti pour Troyes avant Malin, s'était entendu avec le chef de la gendarmerie. Tous deux, ils avaient choisi les hommes les plus intelligents, leur avaient donné pour chef un capitaine habile, et Corentin lui indiqua pour lieu de rendez-vous le château de Gondreville, en lui disant d'envoyer à la nuit, sur quatre points différents de la vallée de Cinq-Cygne et à d'assez grandes distances pour ne pas donner l'alarme, un piquet de douze hommes. Sur son ordre, ces quatre piquets devaient décrire un carré et le resserrer autour du château de Cinq-Cygne.

Malin avait permis à Corentin de remplir une partie de sa mission en le laissant maître au château pendant sa consultation avec Grévin. Au retour, il avait si positivement dit à Corentin que les Simeuse et les d'Hauteserre étaient dans le pays, que les deux agents expédièrent le capitaine qui, fort heureusement, traversa la forêt par l'avenue, pendant que Michu grisait son espion Violette.

Le conseiller d'État avait commencé par expliquer à Peyrade et à Corentin le guet-à-pens auquel il venait d'échapper. Ils lui racontèrent alors l'épisode de la carabine. Grévin avait envoyé Violette pour obtenir quelques renseignements sur ce qui se passait au pavillon. Corentin dit au notaire d'emmener son ami le conseiller d'État coucher, pour plus de sûreté, à la petite ville d'Arcis, chez lui.

Au moment où Michu se lançait dans la forêt et courait à Cinq-Cygne, Peyrade et Corentin partaient de Gondreville dans un méchant cabriolet d'osier, attelé d'un cheval de poste et conduit par le brigadier d'Arcis, un des hommes les plus rusés de la légion, et que le chef leur avait recommandé de prendre.

— Le meilleur moyen de tout saisir, est de les prévenir, dit Peyrade à Corentin. Au moment où ils seront effarouchés, où ils voudront sauver leurs papiers ou s'enfuir, nous tomberons chez eux comme la foudre. Le cordon de gendarmes en se resserrant autour du château fera l'effet d'un coup de filet, nous ne manquerons personne.

— Vous pouvez leur envoyer le maire, dit le brigadier, il est complaisant, ne leur veut pas de mal : ils ne se défieront pas de lui.

Au moment où Goulard allait se coucher, Corentin, qui fit arrêter le cabriolet dans un petit bois, était venu lui dire confidentiellement que dans quelques instants un agent du gouvernement allait le requérir de cerner le château de Cinq-Cygne afin d'y empoigner messieurs d'Hauteserre et de Simeuse ; que dans le cas où ils auraient disparu, l'on voulait s'assurer s'ils y avaient couché la nuit dernière, fouiller les papiers de mademoiselle de Cinq-Cygne, et peut-être arrêter les gens et les maîtres du château.

— Mademoiselle de Cinq-Cygne est, sans doute, protégée par de grands personnages, dit Corentin, car j'ai la mission secrète de la prévenir de cette visite, et de tout faire pour la sauver, sans me compromettre. Une fois sur le terrain, je ne serais plus le maître, je ne suis pas seul ; ainsi courez au château.

Cette visite du maire au milieu de la soirée étonna d'autant plus les joueurs, que Goulard leur montrait une figure bouleversée.

— Où se trouve la comtesse? demanda-t-il.

— Elle se couche, dit madame d'Hauteserre.

Le maire incrédule se mit à écouter les bruits qui se faisaient au premier étage.

— Qu'avez-vous aujourd'hui, Goulard ? lui dit madame d'Hauteserre.

Goulard roulait dans l'abîme de l'étonnement, en examinant ces figures pleines de candeur qu'on peut avoir à tout âge. A l'aspect de ce calme et de cette innocente partie de boston interrompue, il ne concevait rien aux soupçons de la police de Paris.

En ce moment, Laurence, agenouillée dans son oratoire, priait avec ferveur pour le succès de la conspiration ! Elle priait Dieu de prêter aide et secours aux meurtriers de Bonaparte ! Elle implorait Dieu avec amour de briser cet homme fatal !

Le fanatisme des Harmodius, des Judith, des Jacques Clément, des Ankastroëm, des Charlotte Corday, des Limolëan, animait cette belle âme, vierge et pure. Catherine préparait le lit, Gothard fermait les volets, en sorte que Marthe Michu, arrivée sous les fenêtres de Laurence et qui y jetait des cailloux, put être remarquée.

— Mademoiselle, il y a du nouveau, dit Gothard en voyant une inconnue.

— Silence! dit Marthe à voix basse, venez me parler.

Gothard fut dans le jardin en moins de

temps qu'un oiseau n'en aurait mis à descendre d'un arbre à terre.

— Dans un instant le château sera cerné par la gendarmerie.

— Toi, dit-elle à Gothard, selle sans bruit le cheval de Mademoiselle, et fais-le descendre par la brêche de la douve, entre cette tour et les écuries.

Marthe tressaillit en voyant à deux pas d'elle Laurence qui suivait Gothard.

— Qu'y a-t-il? dit-elle simplement et sans paraître émue.

— La conspiration contre le premier

Consul est découverte, répondit Marthe dans l'oreille de la jeune comtesse, mon mari songe à sauver vos deux cousins; il m'envoie vous dire de venir vous entendre avec lui.

Laurence recula de trois pas et regarda Marthe.

— Qui êtes-vous ?

— Marthe Michu.

— Je ne sais pas ce que vous me voulez, répliqua froidement mademoiselle de Cinq-Cygne.

— Allons, vous les tuez. Venez, au nom

des Simeuse! dit Marthe en tombant à genoux et tendant ses mains à Laurence. N'y a-t-il aucun papier ici, rien qui puisse les compromettre? Du haut de la forêt, mon mari vient de voir briller les chapeaux bordés et les fusils des gendarmes.

Gothard avait commencé par grimper au grenier, il aperçut de loin les broderies des gendarmes, et entendit, par le profond silence de la campagne, le bruit de leurs chevaux; il dégringola dans l'écurie, et sella le cheval de sa maîtresse, aux pieds duquel, sur un seul mot de lui, Catherine attacha des linges.

— Où dois-je aller? dit Laurence à Marthe dont le regard et la parole la frappèrent par l'accent inimitable de la sincérité.

— Par la brèche! dit-elle en entraînant Laurence, il y est, vous allez apprendre ce que vaut Michu. Ce n'est pas un Judas!

Catherine entra vivement au salon, y prit la cravache, les gants, le chapeau, le voile de sa maîtresse, et sortit. Cette brusque apparition et l'action de Catherine étaient un si parlant commentaire des paroles du maire, que madame d'Hauteserre et l'abbé Goujet échangèrent un regard par lequel ils se communiquèrent cette horrible pensée : — Adieu tout notre bonheur! Laurence conspire, elle a perdu ses cousins et les deux d'Hauteserre !

— Que voulez-vous dire ? demanda monsieur d'Hauteserre à Goulard.

— Mais le château est cerné, vous allez avoir à subir une visite domiciliaire. Enfin, si vos fils sont ici, faites-les sauver ainsi que messieurs de Simeuse..

— Mes fils! s'écria madame d'Hauteserre stupéfaite.

— Nous n'avons vu personne, dit monsieur d'Hauteserre.

— Tant mieux! dit Goulard. Mais j'aime

trop la famille de Cinq-Cygne et celle de Simeuse pour leur voir arriver malheur. Écoutez-moi bien. Si vous avez des papiers compromettants...

— Des papiers?.... répéta le gentilhomme.

— Oui, si vous en avez, brûlez-les, reprit le maire, je vais aller amuser les agents.

Goulard, qui voulait ménager la chèvre royaliste et le chou républicain, sortit, et les chiens aboyèrent alors avec violence.

— Vous n'avez plus le temps, les voici,

dit le curé. Mais qui préviendra la comtesse, où est-elle?

— Catherine n'est pas venue prendre sa cravache, ses gants et son chapeau pour en faire des reliques, dit mademoiselle Goujet.

— Goulard essaya de retarder pendant quelques minutes les deux agents en leur annonçant la parfaite ignorance des habitants du château de Cinq-Cygne.

— Vous ne connaissez pas ces gens-là, dit Peyrade en riant au nez de Goulard.

Ces deux hommes, si doucereusement sinistres, entrèrent alors suivis du brigadier d'Arcis et d'un gendarme. Leur aspect glaça d'effroi les quatre paisibles joueurs de boston qui restèrent à leurs places, épouvantés par un pareil déploiement de forces. Le bruit produit par une dizaine de gendarmes, dont les chevaux piaffaient, retentissait sur la pelouse.

—Il ne manque ici que mademoiselle de de Cinq-Cygne, dit Corentin.

—— Mais elle dort, sans doute, dans sa chambre, répondit monsieur d'Hauteserre.

— Venez avec moi, mesdames, dit Corentin en s'élançant dans l'antichambre et de là dans l'escalier où mademoiselle Goujet et madame d'Hauteserre le suivirent. Comptez sur moi, reprit Corentin en parlant à l'oreille de la vieille dame, je suis un des vôtres, je vous ai envoyé déjà le maire. Défiez-vous de mon collègue et confiez-vous à moi, je vous sauverai tous!

— De quoi s'agit-il donc? demanda mademoiselle Goujet.

— De vie et de mort! ne le savez-vous pas? répondit Corentin.

Madame d'Hauteserre s'évanouit. Au

grand étonnement de mademoiselle Goujet et au grand désappointement de Corentin, l'appartement de Laurence était vide.

Sûr que personne ne pouvait s'échapper ni du parc ni du château dans la vallée, dont toutes les issues étaient gardées, Corentin fit monter un gendarme dans chaque pièce, il ordonna de fouiller les bâtiments, les écuries, et redescendit au salon, où déjà Durieu, sa femme et tous les gens s'étaient précipités dans le plus violent émoi.

Peyrade étudiait de son petit œil bleu toutes les physionomies, il restait froid et calme au milieu de ce désordre.

Quand Corentin reparut seul, car mademoiselle Goujet donnait des soins à madame d'Hauteserre, on entendit le bruit de chevaux, mêlé à celui des pleurs d'un enfant, qui entraient par la petite grille. Au milieu de l'anxiété générale, un brigadier se montra poussant Gothard les mains attachées et Catherine qu'il amenait devant les agents.

— Voilà des prisonniers, dit-il. Ce petit drôle était à cheval et se sauvait.

—Imbécille! lui dit Corentin à l'oreille. Pourquoi ne l'avoir pas laissé aller : nous aurions su quelque chose en le suivant.

Le brigadier resta confondu. Gothard avait pris le prati de fondre en larmes à la façon des idiots. Catherine restait dans une attitude d'innocence et de naïveté qui fit profondément réfléchir le vieil agent. L'élève de Lenoir, après avoir comparé ces deux enfants l'un à l'autre, examiné l'air niais du vieux gentilhomme qu'il crut rusé, le spirituel curé qui jouait avec les fiches, la stupéfaction de tous les gens et des Durieu, vint à Corentin et lui dit à l'oreille : — Nous n'avons pas affaire à des *gnioles !*

Corentin répondit d'abord par un regard en montrant la table de jeu, puis il ajouta

— Ils jouaient au boston ! On faisait le lit de la maîtresse du logis, elle s'est sauvée, ils sont surpris, nous allons les serrer.

FIN DU TOME PREMIER.

TABLE DES CHAPITRES

DU PREMIER VOLUME.

	Pages.
Préface	5
Chapitre I. — Le Judas	49
— II. — Un Crime en projet . . .	97
— III. — Les Malices de Malin . .	129
— IV. — Le Masque jeté	159
— V. — Laurence de Cinq-Cygne . .	187
— VI. — Intérieur et physionomies royalistes sous le Consulat.	217
— VII. — La Visite domiciliaire . . .	259

FIN DE LA TABLE.

www.ingramcontent.com/pod-product-compliance
Lightning Source LLC
Chambersburg PA
CBHW071524160426
43196CB00010B/1641